„Keine andere literarische Form kann so faszinierend, befremdend, bilderstark, anregend, aufrüttelnd, gefühlsbetont und provokant zugleich sein wie die Lyrik. Vor allem, wenn sie sich dem »vers libre« und einer darauffolgenden neuen, innovativen Ausrichtung, dem heutigen Zeitgeist entsprechend, verschrieben hat. Eine Lyrik, die etwas zu sagen hat und Stellung bezieht." (Leo Cavana, im März 2012)

Leo Cavana, Jahrgang 1954, begann Anfang der 1980er Jahre mit dem Schreiben von ersten Gedichten und Kurzgeschichten. Dies geschah in den dann folgenden 30 Jahren aus einer rein eigentherapeutischen Motivation heraus. Ernsthafte Überlegungen, verbunden mit dem Ziel, die eigenen Arbeiten über einen Verlag zu publizieren, spielten keine Rolle. 2011 übernahm er die Leitung des Online-Magazins »Schiller kompakt!«. Initiiert durch die dortige Literaturabteilung, die sich auch mit der Lyrik des 20. und 21. Jahrhunderts befasste, reifte in ihm so langsam der Gedanke an eine mögliche Veröffentlichung seiner eigenen Gedichte.

LEO CAVANA

REGIONALE

WAHRNEHMUNGEN

GEDICHTE

Bibliografische Information der Deutschen Nationalbibliothek: Die Deutsche Nationalbibliothek verzeichnet diese Publikation in der Deutschen Nationalbibliografie; detaillierte bibliografische Daten sind im Internet über http://dnb.dnb.de abrufbar.

Herstellung und Verlag:
BoD – Books on Demand, Norderstedt – www.bod.de

ISBN: 978-3-7519-3630-9

Für Larissa

Mit meinen Gedichten (1980 – 2018) versuche ich kleine, kurze Sequenzen aus unserem Leben zu erzählen. Sie berichten vom alltäglichen Wahnsinn, der uns umgibt, egal ob nachdenklich, ernst, bitterbös, erdrückend, launig oder heiter, amüsant, schmunzelnd und lachend. Aufgefüllt mit einigen lyrischen Bruchstücken, als lose Gedanken. Irgendetwas bleibt bei einem jeden von uns immer irgendwie und irgendwo hängen, was uns mal stark, mal weniger stark beschäftigt. Somit steht der Begriff »regional« im Titel für kein geografisches Gebiet, sondern für all die Begebenheiten, die wir in unserem direkten Umfeld wahrnehmen können.

Leo Cavana
München, im Mai 2020

INHALT

die Gedanken
sie enden scheinbar nie
Gründe gibt es deren viel

Natur

Frühjahrsboten

Der frische Morgentau
legt sich samt über die Wiesen,
die frühen, noch zaghaften Sonnenstrahlen
reflektieren sich in seinen klaren Tropfen,
mit noch wenig Mut,
wie unter einer großen Zeitlupe,
springen die ersten Knospen
und der Wind tanzt feengleich dazu,
die Luft erfüllt sich mit des Frühlings Düften
und man hört ganz leise, mit zartem Klang,
des Himmels Melodie.

Luna

Luna –
leuchtend, strahlender Erdenmond,
der du wachst über uns in dunkler Nacht,
unser unsichtbarer Begleiter am hellen Tag,
nimmer müde wirkst du auf uns
und beschützt uns mit deiner großen Macht.

Auf deiner endlosen Wanderschaft
durch die Zeichen unserer Sterne,
erntest du Monat für Monat
ihre speziellen Früchte
auf den weiten Feldern des Universums
und schickst sie zu uns, lautlos über Nacht.

Du beeinflusst unsere Erde,
Natur, Mensch und Tier,
lässt das Wasser fließen
und die Pflanzen wachsen,
gibst uns Menschen große Kraft
bei der Umsetzung all unserer Ziele.

Luna – deine Schönheit in vollem Lichte
beschert uns Menschen berauschende Nächte.

Wind

Über sanfte sandige Hügel
zieht ein warmer Wind,
verliert sich flüsternd in
spärlich wachsenden Gräsern,
mit eisiger Kraft weht er
über trostlose Felder,
zerschlagen durch den
Widerstand der Wälder,
wütend, mit heftigen Böen
treibt er des Meeres riesige Wellen,
gebremst von verzeihenden Ufern,
vom Berg hinab bis in die Täler
pfeift der Wind seine Lieder
und jagt sie den Menschen
durch all ihre Glieder.

Carlos

Liebevoll dunkle Augen,
ein sanfter Blick
entspringt einer treuen Seele –
ein wahrer Freund.

wandernde Dünen
festgemerkte Punkte
auf ewig verloren

Morgenstunde

Der Natur weißes Kleid
überspannt die brachen Felder,
Krähentöne durchdringen
nebelartiges Licht, das sich verliert
in der Dunkelheit der Wälder.
Zartes Eis mattglänzend
liegt wie Pergament
auf dem stehenden Bach.

Ein lauter Knall
durchschlägt dieses friedliche Bild,
ein zweiter folgt,
zu dieser Morgenstunde
ist noch niemand wach.

Mit leisen Tropfen
färbt sich das Pergament rot,
weit kann der Jager nicht sein,
atemlos,
weiß, wie die Felder, ist er im Gesicht,
erkennt er sofort seine große Not.

Nicht der Rehbock – nein,
der Jagdgehilfe färbt alles rot,
im nebelartigen Licht
liegt er da und ist tot.

Tierwelten

Angsthase, Automarder,
Beutelratte, Bücherwurm,
Bürohengst, Dukatenesel,
Fettmops, Filmstar,
Geldhai, Glücksschwein,
Klapperstorch, Knallfrosch,
Leitwolf, Leseratte,
Maulaffen, Meckerziege,
Neidhammel, Papiertiger,
Paradiesvogel, Pistensau,
Planierraupe, Quietscheente,
Schlafratz, Schlaufuchs,
Spinatwachtel, Spürhund,
Suppenhuhn, Taschenkrebs,
Trüffelschwein, Wespentaille,
Windhund, Zeitungsente,
Zirkuspferd, Zuckermaus –

ob Fauna jemals davon wusste?

Winter

Manchmal ist es schon sehr schön,
tief verschneit
liegt die Landschaft da
und schweigt,
Schneekristalle funkeln silbrig
im Sonnenlicht,
die Tannen des Waldes
sind näher zusammengerückt,
das Eis hat das Rauschen des Baches
zum Schweigen gebracht,
die in Abendrot
getauchten Berge grüßen majestätisch
in ihrer neuen weißen Tracht.

Naturklang

Das Knirschen der Schritte im Schnee,
dieses Rascheln der Blätter im Herbst,
der plätschernde Lauf des Wassers im Bach,
die singenden Vögel im Frühjahr,
die prasselnden Tropfen bei Regen,
das Rauschen des Waldes,
die rufenden Laute der Nacht,
die zirpende Grille am Abend,
das Klopfen am Baum durch den Specht,
der pfeifende Wind um alle Ecken,
die ewigen Töne der Wellen am Strand,
dieses Trommeln herabfallender Hagelkörner –

ein Naturorchester mit einem berauschenden Klang,
eine Partitur der grandiosen Gegensätze,
ein Klangkörper frei Haus.
Keine Reservierung erforderlich
und der Eintritt ist frei,
auf jedem Platz ein fantastisches Hörerlebnis
mit einer musikalischen Vielfalt der Extraklasse –

diese wahnsinnige Stille als lautloser Klang auf dem Berg.

April

Regen strömt,
der Pflanzen triebe neu,
eiskalter Hagel
durchbohrt das frische Blatt,
Sonnenstrahlen trocknen,
den Rest der Pflanze ab,
beleuchtet durch den Regenbogen.
April, April –
das ist kein Scherz!

ewiger Sturm
falsche Gefährten
den richtigen Weg verloren

Weinlese

Was für ein Land, was für ein Boden,
Ein Hoch auf Bacchus,
Der uns den Wein gebracht,
Was für ein Terrain für die Reben
Und für den Winzer
Ein Weingarten in all seiner Pracht.

Die Butten sind voll mit prächtigen Trauben
Und der Kellermeister kann schon jetzt,
Mit all seiner Erfahrung
An Color, Odor und Sapor glauben.

Komm lass uns feiern,
Ladet Bacchus und Ariadne ein,
Wir wollen für diesen Schatz
Der Natur dankbar sein.
Fröhlicher Weingott trink,
Wir lassen die Gläser klingen,
Der Kranz aus Weinlaub steht dir gut.

Spürst du die Finesse des Weines,
Seinen verführerischen Geschmack
Mit all den grandiosen Aromen? –
Was für ein Land, was für ein Boden.

Wasser

Des Wassers ewiger Lauf,
sein immer währendes Strömen,
mal leise, mal kraftvoll
stetig wie die Zeit,
aus unerschöpflicher Quelle
fließt es davon,
angezogen von unbekanntem Ziel
sehen wir es nicht wieder.

Weltmeer

Gewässer der Erde,
Weltmeer,
immer gleich,
doch überall anders –
mal ruhig,
spiegelglatt
und entspannend,
mal laut,
trügerisch und gefährlich.

In mächtiger Größe,
Weltstrom,
umspannt er
mit seinen Ozeanen
die Erde,
dient ihr als Namensgeber
aus der fernen
Welten Sicht
und regiert sie,
mit seinen fünf Adjutanten,
als ungekrönter Herrscher
in ewiger Pflicht.

So mancher
Seemanns Kampf
ging verloren,
das Schiff in
unendliche Tiefen gezogen,
die Monster der Wellen

verspeisten die Crew –

doch als friedlicher Herrscher,
mit seiner wohltuenden Ruh,
spendet er den Menschen
ihren Atem, egal wo –
an der Küste oder fernab
hinein ins weite Land.

Vogelfrei

Kannst fliegen
wohin du willst
gefiederter Freund
weckst mich
mit den schönsten
Melodien
trägst ein buntes Kleid
vogelfrei
hoch in den Lüften
auf Baumwipfeln
über jedem Wasser
vermisse dich
im Winter
begrüßt mich dann
als Frühjahrsbote
kümmerst dich
um deine kleine
Familie
kannst fliegen
wohin du willst
bist vogelfrei

die Natur
unendlicher Reichtum
der Mensch als Dieb

Wassergeister

Geht es ums Wasser
und da ums Große und Ganze,
dann sind uns Poseidon
und Neptun bekannt –
bleiben wir beim Wasser,
bis hin zur kleinsten Menge,
dann brechen wir die Lanze
für all die Wassergeister
aus den Flüssen, Bächen,
Seen, Quellen und den Brunnen –
ja, auch aus jedem Wassertropfen,
der sie zu uns bringt.

Die Wassernixen
und Wassermänner sind es,
auf die wir Menschen achten müssen,
sie bringen große Gefahr
und trachten stets nach unserem Leben,
wenn die Nixen
den Männern den Kopf verdrehen
und ihre männlichen Kollegen
die Mädchen mit Harfenklängen locken,
um sie in die Tiefen
ihres Unterwasserreichs zu ziehen.

Die wohltätigen Geister,
die Wassernymphen,
warnen uns oft vor der Gefahr,
sorgen für die Reinheit des Wassers

und feiern gerne mit uns Menschen
bei Vollmond fröhliche Feste –
aber gegen die bösen Wassergeister
sind auch sie machtlos
und noch schlimmer – sterben sie,
wie wir Menschen,
dann versiegt auch
der Fluss, der Bach,
der See oder die Quelle,
die sie verkörperten und wo sie lebten.

Mensch & Gesellschaft

jeder einzelne Tag
wird begleitet
von tausenden Posen

Stadterwachen

Es ist noch kalt am frühen Morgen,
der Rauch der Unterwelt
steigt aus der Kanalisation,
die ersten flachen Sonnenstrahlen
brechen sich in ihm,
der flüchtige Blick
lässt ihn sympathisch erscheinen.
Ein lautes Autohupen
an der eigentlich noch roten Ampel,
zerstört erste Gedanken,
Übriggebliebene stolpern
aus der Eckkneipe auf die Straße,
der schon helle Tag
macht ihnen zu schaffen.
Ein Zeitungsbote,
seit Stunden schon,
bringt er unermüdlich
neueste Nachrichten in schlafende Häuser –
und die Müllabfuhr ist auch schon da.
Die aufgehende Sonne ist sehr bemüht,
sie will sie alle wärmen,
immer mehr kriechen jetzt aus ihren Betten,
die Straßen werden langsam voll
und füllen sich mit ihrem Lärm.
Die Reize des frühen Morgen
verschwinden im Dunst und Nebel der Stadt,
wenig Schönes bleibt für den Moment,
überfallen vom alltäglichen Trott
beobachtet man keinen Widerstand.

Scheinbar funktionieren die Menschen alle
und taumeln wie immer
als Marionette an unsichtbaren Fäden
durchs städtische Leben.

Krankenstand

Der Albtraum ist Wirklichkeit geworden,
zögerndes Aufwachen
mit weichem, hallenden Kopf,
verschwommener Blick
in steriler Umgebung,
noch schemenhafte Menschen
in weißen Gewändern um mich herum,
in scheinbarer Übergröße
geben sie sich zufrieden –
es sei noch einmal gut gegangen!

Kassensturz

Morgens um zehn,
ich schließe auf,
wollen wir doch mal sehn
was ich heute alles verkauf.

Mittags um eins,
noch kein Cent in der Kasse,
ob ich es für heute
nicht einfach lasse?

Nachmittags um vier,
habe noch immer auf,
ich kann nicht widerstehen,
denn zu groß ist die Gier.

Abends um acht,
ich schließe wieder zu,
wollen wir doch mal sehn,
zu was habe ich es heute gebracht.

Drei Stunden später,
abends um elf,
die dritte Flasche Wein ist leer,
dies war der Kasse Lohn,
ich kann nicht mehr!

Hochhäuser

Hochhäuser,
Fassadenspender,
positiv oder negativ,
Architekturwunder oder
erdrückende Schreckensgespenster,
urbanes Leben
eingetütet in vierzig Stockwerken,
anonymes Aufeinander,
Erfolgsrezept der Spekulanten –

maximal zwei Stockwerke
auf dem Land,
mit Blick in die Natur,
Freudenspender!

wie beim Unkraut
auch bei manchen Menschen
die Vorzüge unerkannt

Jackpot

„Hasard – es lebe das Glücksspiel!"
Schon v. Chr. war die Verlockung groß,
eine magische Faszination,
bis heute mit geballter Kraft,
fast ein jeder kauft sich irgendwann ein Los.

Alle haben ihre geheimen Zahlen,
Nervenkitzel, Spannung pur,
bei jedem ist der Glaube groß,
da gibt es überhaupt keine Diskussion,
knacken wird den Jackpot ein jeder,
und zwar nur für sich allein.

Gewinn, viel Geld, Macht, Anerkennung –
so soll es sein, endlich wird es Wirklichkeit,
jetzt gehört man dazu,
eine magische Faszination,
die Verlockung und die Träume sind groß.

Immer weiter, immer weiter,
irgendwann kommt der große Moment
und die Zahlen werden die richtigen sein,
da gibt es überhaupt keine Diskussion,
eine unerschütterlich magische Faszination.

Jetzt, hier und heute, ist es der richtige Schein,
diesmal passt es bestimmt mit dem Los!

Wirtschaftswunder

Erhards Zigarre neu geraucht,
mit den Witschaftswunderflügeln
schwebt der Dax in hohem himmlischem Blau,
Weltmeister in so manchen Dingen,
nicht nur im Spiel mit dem Ball,
auch das Scherenspiel von oben nach unten
wird perfekt beherrscht –

nur da lahmt der Flügelschlag,
zu weit ist man voneinander entfernt,
die Gier ist grenzenlos,
kein Interesse für den anderen,
die da oben und die da unten,
denn auch die Armut wächst grenzenlos,
man könnte helfen,
was ist da eigentlich bloß los?

Wandel

Erste Blickkontakte,
feurig heiße Küsse,
Liebe ohne Ende,
mit der Zeit
verblassende Liebesträume,
nur noch reine Pflichterfüllung,
bis das der Tod uns scheidet.

Sehnsuchtsorte,
sich sonnen an südlichen Stränden,
mit der Zeit
verblassende Fernwehträume,
nur noch zum Großen Arber,
inklusive Kaffee und Torte.

Karriereplanung,
volle Energie,
niemand kann einen stoppen,
sofort den Job gefunden,
mit der Zeit
verblassende Berufsträume,
nur noch staubige Akten wälzen,
der Ruhestand noch so weit weg.

Eine große Familie,
zwei, drei Kinder
ziemlich schnell,
das Glück der Eltern
zerbricht an organisatorischen Problemen,

mit der Zeit
verblassende Familienträume,
nur noch Streit,
wer macht was,
manchmal wäre man gern allein.

Im Alter
wird all das Versäumte nachgeholt,
verreisen, ferne Länder sehen,
nur noch Kultur,
mit der Zeit
verblassende Rentnerträume,
nur noch Wehwehchen,
alles zwickt,
am Schluss reichts nur fürs Heim.

Gelassenheit

Ein Altersluxus,
die sich einstellende Weisheit,
eine große Errungenschaft des Lebens,
ein persönliches Wohlbefinden
durch mehr Gelassenheit.

Für manche,
aus jüngeren Generationen,
wäre ein höheres Alter von Vorteil,
könnten sie früher
von dieser Gelassenheit profitieren,
im Sinne ihrer Mitmenschen
ihr Image damit aufpolieren.

unausgesprochene Gedanken
mündlich nicht gelungen
schriftlich auf Papier gebannt

Kopfsteinpflaster

Dort wo es sie noch gibt,
könnten sie so einiges erzählen,
spannende Geschichten,
Geheimnisse die sie quälen,
Nachrichten –
aus all den vergangenen Tagen.

Waren es Kinder,
die auf ihnen spielten,
Liebespaare,
die auf ihnen tanzten oder
die Apothekersfrau,
die auf ihnen stolzierte –
dann waren sie glücklich und
auch mit einem Automobil
waren sie zufrieden.

Aber plötzlich,
als mehr passierte –
bei denen,
die mit brutalem Schritt
auf ihnen marschierten,
war es die Angst, die sie plagte,
als sie sahen,
wie sie die Leute
aus ihren Wohnungen jagten und –
sie eines Tages,
auch über das Verschwinden
der Apothekerin klagten.

Fest verankert im Boden,
konnten sie selber nicht helfen,
die, die es hätten können,
schauten weg –
hinter den Gardinen,
an ihren Fenstern.

Irgendwann,
nach vielen Jahren,
bekamen sie endlich Hilfe –
Steine mit den Opfernamen
gesellten sich zu ihnen,
damit sie nun gemeinsam
und zu jeder Zeit,
über all die schrecklichen Taten
für immer konnten berichten.

So helfen sie auch den Menschen
gegen das Vergessen
und darauf zu achten,
dass sich die Geschichte nicht wiederholt,
denn immer öfter können wir sehen,
es gibt viele,
die nichts dagegen hätten!

Rückblick

Jetzt heißt es handeln,
fragt sich nur wie,
die Zeit wird anscheinend knapper,
denn an den Hügeln im Gesicht der anderen,
schwindet die eigene Zuversicht,
immer, wenn wir sie treffen,
erkennen wir unser wahres Alter,
es ist – wie ein Schlag ins eigene Gesicht.

Alaska

Kommunizieren –
kann man so auch?
Zu mir gehört der vollständige Satz,
ich weiß nicht,
du sagst „Alaska" und meinst
„Alles klar!" –
ich weiß nicht?

Ein neuer Sprechstil,
Gott sei Dank, nicht für uns alle,
manchmal doch bemerkenswert,
als Abgrenzung im städtischen Lebensraum,
gegen das Establishment,
wider der gesellschaftlichen Norm.

YOLO,
es stimmt –
man lebt schließlich nur einmal,
lasst uns unsere gemeinsamen Chancen nutzen –
man kann es ja auch mit
„carpe diem" versuchen – alles klar?

Sachbuchgedanken

Anfang –
analog oder digital
Idee Projekt Konzept Material
Recherche Informationen Dokumente
Daten Fakten und Berichte

Zwischendurch den Inhalt nicht vergessen!

Bilder Zitate Quellen Copyright
alles liegt bereit
gearbeitet wie besessen –
Ende

immer diese Fragen
große Unsicherheit
kenn die Antworten nicht

Paul

Paul, Paul
immer aufs Maul!
Paul, was ist?
Los Paul, aufs Maul,
warum zögerst du?

Hast du etwa
eine eigene Meinung, Paul?
„Ich lauf nicht mit,
nicht aufs Maul, nein –
nicht aufs Maul!"

Paul will reden
und das sofort –
der traut sich was! Paul!

Du gehörst zu uns,
für uns hast du dich entschieden,
unsere Meinung zählt.
Aufs Maul!
Los Paul, aufs Maul,
was ist mit dir?

„Nein, nie wieder aufs Maul!"
Das muss auch anders gehen –
mit reden,
zusammen reden.
Paul will reden und
so Probleme lösen.

„Nein, nie wieder aufs Maul!
Auch meine Meinung zählt."

Valentinstag

Blumengeschenkpflichttag,
schlechte Gewissensmomente,
zu hinterfragende Liebesbeweise,
erkaufter Bonus für ein ganzes Jahr?

Nacht

Tausende gezackte Punkte
wachen in der Nacht,
ein Netz gespannt,
die blaue Kugel mittendrin –
das Licht zur Hälfte aus.
Friedlich schläft der Mensch –
ein zufälliger Glücksmoment,
man weiß nicht,
wie man ihn erworben hat.

Denn nur wenig weiter
gibt auch die Nacht keine Ruh –
der Friede täuscht.
Wie bei der beleuchteten Hälfte
wird gemordet und geraubt,
die Grausamkeit nimmt den gewohnten Lauf –

auch dort weiß der Mensch nicht,
wie er sich das erworben hat.

Politik(er)

Man trifft sich in Vereinen
und nennt sie dann Partei,
ein zielgerichtetes Verhalten wird beschlossen,
das nennt man dann Programm –
und wollen die Vereinsmitglieder,
das sind dann die Politiker,
den potenziellen Wähler davon überzeugen,
müssen sie sich oftmals weit nach vorne
aus dem Vereinsheimfenster beugen.

So wird gelegentlich, ohne rot zu werden,
übersehen, dass man das stolze Programm,
so – gar nicht halten kann.

Es ist egal was dann der Wähler sagt,
von Betrug ist keine Rede,
es wird schon weitergehen,
denn genau der gleiche Wähler
hat durch seine Stimme ja gesagt,
dass es mit diesem Programm durchaus gehen kann.
Nach dem Beruf des Politikers gefragt
und ob es schwierig wäre,
die Lasten dieser Verantwortung zu tragen,
kriegt man zu hören, das sei gar nicht schwer –
den Beruf als Politiker zu wagen,
ein JEDER sei dazu in der Lage.

die bessere Gesellschaft
der Schein
ersetzt die Wahrheit

Jahreswechsel

Raketen steigen
in den verrauchten Himmel,
Korken springen
aus den Flaschenhälsen,
laute Musik
durchdringt die Nacht.

Auf den Straßen
krachen die Böller,
ein paar ganz beschwipste
tanzen munter
um die Häuserecken.

Sie liegen sich in den Armen
und wünschen
einander viel Glück –
ins alte Jahr
will niemand mehr zurück.

Manche jedoch bleiben stur,
die Vorfreude
aufs neue Jahr
ist nicht ihre Rezeptur
und die Euphorie
zum Jahreswechsel
hat für sie noch kein Gewicht –

fürs neue Jahr
bleiben bei ihnen die Türen dicht,

mit ein paar Minuten,
auch wenn es im Kalender steht,
werden die Probleme
des alten Jahres nicht verweht.

Wörterlesen

Wortquartier
Ideenschrank
Schreibgewalt
Gedankenrauch
Bücherlast
Bildungslesen –
Wörter gibt's wie Sand am Meer,
wer soll das alles lesen?
Für so manchen ist das Lesen eine wahre Last
und viele werden davon scheinbar krank.

Wörterschreiben
Ideenbildung
Schreibquartier
Gedankenschrank –
Immer weniger hört man vom Gebrauch
nach einem Buch zu greifen,
aus den Köpfen steigt der Leserauch,
für so manchen ist das Lesen eine wahre Last.

Wörterfinden
Selberschreiben
Lesespaß –
Der Spaß am eigenen Geschriebenen,
der könnt beim Lesen helfen,
doch für so manchen ist das Schreiben eine wahre Last.

Betrachtungsweisen

Der Zeitpunkt ist ein individueller,
die Entscheidung ein privates Recht,
juristisch unantastbar,
vom Alter unbeschränkt
ist der Wechsel der Betrachtungsweise
jedem, auch mit Wiederholungen erlaubt.

Regeln wurden keine festgesetzt,
jeder muss für sich allein entscheiden,
denn der Zeitpunkt ist und bleibt ein individueller,
die Entscheidung ein privates Recht.

Warum und wann man sich entscheidet
ist wissenschaftlich nicht erforscht,
der Gründe gibt es viele,
oft genug auch nur dahingesagt,
weil die Argumente fehlen
und die Auseinandersetzung lästig ist.

Früher war alles anders – alles besser!
Die Wechsel der Betrachtungsweise
während eines ganzen Lebens
sind oftmals nicht ganz klar,
der Gründe gibt es viele,
Wiederholungen sind erlaubt.

Ist die Pflanze der Entscheidung gut gewachsen
wird der Wechsel gern gesehen,
doch oft genug und das ist das Problem,

wissenschaftlich nicht erforscht,
erreicht der Mensch nur Minuswerte,
geht es um die Nutzung seiner Geisteskraft
und die hoffnungsvolle Pflanze der Entscheidung
weht nur noch als Fahne,
ein schlechter Wind ist dann die Kraft.

So ein Wechsel wird nicht gern gesehen
und man fragt sich,
wie konnte das geschehen?
Geändert werden muss es sehr viel früher,
denn der Zeitpunkt ist ein individueller,
die Entscheidung ein privates Recht.

einer läuft vorne
einer dahinter
man wird nicht Letzter

Bavaria

Jodeldijö
im Süden ist es schee,
weiß-blau der Himmel,
Ludwig Zwei und seine Schlösser
der Stolz des ganzen Landes.
Fest regiert durch eine Hand,
geerbt aus christlich sozialer Union
darf ein jeder mal auf den Thron.

Darauf trinken sie 'ne kühle Maß
und die Musi spielt dazu,
die Spezlwirtschaft hat geöffnet,
denn a bisserl was geht immer.
Bussi hier und Bussi da –
Jodeldijö, im Süden ist es schee.

Leben und leben lassen,
mit Lederhose, Gamsbart, Dirndl
Schuhplattln im Dreivierteltakt,
durch großes Vertrauen – mia samma mia,
in die eigene Macht und Kraft
lässt man sich nicht viel sagen,
am Stammtisch in der Wirtschaft,
nur da hört man vereinzelte Klagen.

Grundsätzlich aber
scheinen alle sehr zufrieden,
mit prächtigen Errungenschaften
und ihrem Land zwischen

Flüssen, Bergen und den Seen.
Jodeldijö, im Süden ist es schee.

Damit der Thron
für die Obrigkeit niemals wackelt,
wird am Sonntag in der Kirche
der Rest vom Pfarrer erledigt,
hoch droben von der Kanzel
wird den sündigen Schäfchen
das richtige Verhalten gepredigt.

Jodeldijö,
Ozapft is – du Land der Bayern!

Trauerarbeit

Erlösung für die einen,
großes Leid für die anderen,
Lebende werden gezeichnet durch die Toten,
tiefe Narben ritzen sich in die trauernden Seelen,
Klagelieder durchdringen stechend den Raum,
Hinterbliebene fühlen sich alleingelassen,
sie drohen zu versinken
in ihrem Tränenmeer,
dem Sterbenden hatte offenbar die Zeit gefehlt,
das Ruder ein letztes Mal herumzureißen,
genau dies wird durch die große Trauer jetzt beklagt,
die Zeit heilt alle Wunden,
heißt es auf dem Grabstein,
nun müssen es die Hinterbliebenen schmerzhaft beweisen.

Lieblingsort

Der eigene Lieblingsort,
als sicherer Rückzugsplatz,
eine nie ins Vergessen geratene Stelle
mit wiederkehrenden Erinnerungen
und schönen Momenten,
traurigen Begegnungen und
lachenden Umarmungen,
ängstliche Situationen oder
knisternde Spannungen mit
heißen Gedanken und
immer gleichen Bildern,
untermalt mit einer Endlosschleife
einer schon längst bekannten Musik,
geheime Treffen – nur du und ich,
im Vertrauen den Lieblingsort verraten
und alles öffentlich gemacht,
den Alleinanspruch damit verloren,
gehört er jetzt auch anderen
und man ist selber anscheinend
nicht für immer dafür auserkoren.

Gegensätze

Helle moderne Häuserfronten,
doch gleich dahinter
dunkle marode Hinterhöfe,
vorne reich und hinten arm,
nicht zu heilende Gegensätze,
da es die vorne nicht wollen.

Glück und Macht
verstehen sich nicht
werden kein Liebespaar

Dummdreist

Der Dummen Dreistigkeit
ist der Schlauen Hindernis,
der Mond ist blau,
der Kirschbaum blüht im Winter,
unbewusste Selbstsicherheit
gegen ewig – bewusstes Zaudern,
was steckt eigentlich dahinter?
Die Dummen haben es scheinbar leichter,
doch die Schlauen lernen schnell
und kommen dann sehr viel weiter.

Lebenslauf

Unbeschwerte erste Jahre,
doch zu schnell ruft die Pflicht,
lernen für ein besseres Leben,
ungeduldiges Warten auf das
eigene Erwachsensein,
zerreißende Liebesqualen,
gekränkte Eitelkeiten,
unbedingtes Dabeiseinwollen,
drängelnde Eltern,
was sollen bloß die Nachbarn denken,
scheiternde Karrierepläne –

es waren nicht die eigenen,
überhastete Familienplanung
mit einem frühen Aus,
alleingelassen
mit dem Scherbenhaufen,
die Vierzig überschritten –
nochmal alles ganz von vorne,
jetzt aber nach den eigenen Plänen,
wen interessieren noch die Nachbarn,
endlich einen Partner finden,
dem es genauso geht,
endlich jemanden der einen versteht –

verflogen ist die Zeit,
die meisten Dinge abgehakt,
jugendliche Träume sind gescheitert,
unbemerkt reichen jetzt auch kleine Ziele –

mit anderen Rentnern auf Kaffeefahrt,
das geht dann doch zu weit!

Pleite

Zahlungsunfähig,
unverschuldet mittellos
mitschuldig ist man trotzdem,
neues Geld
arbeitslos,
unverschuldet zu alt geworden
kein Job in Sicht,
aber für die Rente
noch zu jung,
Arbeitsamt
nicht vermittelbar,
Regelbedarf
unverschuldete Höchststrafe,
soziale Kompetenz
untersagt,
verloren in der Einsamkeit,
selbstverschuldetes Zugrundegehen
sozialverträgliches Ableben,
seinen Beitrag
für die Gesellschaft
geleistet.

Rente

Man weiß nicht genau für wen,
aber sicher ist,
egal für wen,
dass sie sicher ist,
gesagt durch ein Blümchen,
vor Jahren so geschehen.

Aber sicher ist,
dass es nicht sicher ist,
für wen das Blümchen
noch blühen wird,
wenn es einmal so weit ist.

kein Wegsehen
genaues Hinsehen
eine Stimme für andere

Nächstenhilfe

Seinem Nächsten
unter die Arme greifen,
sich nicht amüsieren
oder mit dem Finger zeigen,
ist er in Not,
dann ist es eine große Hilfe
und lindert vielleicht –
ein schweres Los.

Protest

Am Galgen hängt er nicht,
noch nicht –
sollte er da hängen?
Man weiß es nicht,
doch schnell rufen alle JA!

Viele, ohne zu überlegen,
viele nur als Läufer,
als Mitläufer ohne eigenen Antrieb,
ohne irgendeine Überlegung,
ohne Geist und
ohne eigene Worte –
das ist schon dreist!

Leute nutzt das Bisschen Hirn,
es schadet nicht,
niemand darf
so schnell vor Gericht,
schon gar nicht öffentlich!

Meinungsfreiheit – JA!
Seid ihr Richter – NEIN!

Lemminge

Im Untergrund,
in den Metrostationen
kann man sie beobachten,
am Morgen und am Abend,
diese besondere Spezies,
diese Berufslemminge,
unaufhaltsam,
einer nach dem anderen,
kollektive Massenwanderungen,
läuft einer, laufen alle –
als gäbe es nicht wichtigere Dinge!

Flüchten sie vor ihrer Arbeit,
wird zu Hause das Essen kalt,
hat das Kind vielleicht noch
Ballett oder Geige?
Man weiß es nicht,
als Beobachter ist man froh,
dass es im Untergrund
keine größeren Klippen gibt.
Arme Lemminge!

Jedermannsrecht

Wer gibt uns nur das Recht,
dass wir immer,
im Brustton der vollen Überzeugung,
über andere unser Urteil sprechen,
dies ist schon eine ganz besondere Neigung,
meistens geht es nicht mehr schlimmer.

Sollten wir es immer noch nicht wissen,
dass ein jeder von uns,
auf seinem ganz speziellen Gebiet,
seine Anerkennung verdient,
dann müssen wir es endlich einmal lernen –

gleiche Chancen für einen jeden von uns,
ohne Ausnahme, egal
woher wir kommen, von wem wir stammen.
Die Würde des Menschen ist unantastbar,
für eine funktionierende Gemeinschaft
brauchen wir vor allem
unverletzliche und unveräußerliche
Menschenrechte für ein friedliches Miteinander.

Heimatort

Findet man oder finden wir
an einem bestimmten Ort
eine Heimat, nicht objektiv,
aber als eigene Identifikation,
als deklarierte Wohlfühloase?

Heimatorte als Gleichsetzung
zwischen Mensch und Raum,
mit einem versteckten Hauch
von Illusion und Einflussnahme
auf die persönliche Entwicklung.

Dort sind wir zwar nicht alleine,
aber finden wir so auch unser Glück,
wenn jeder das Leben des anderen
mitbestimmen kann , wenn jeder
weiß, wie es um einen steht?

Heimat sollte ein Ort sein,
an dem man sich zu Hause fühlt,
ein Lieblingsort für ein glückliches Leben,
durchaus klein, aber fein!

lautlose Zeit
als kostbares Gut
für eine lebenslange Begleitung

Der Philosoph

Mit Pythagoras fing alles an,
der Philosoph war geboren,
bis heute der lebenskluge Denker,
immer auf der Suche nach Antworten,
derjenige mit den schlauen Sätzen –
weil er es kann?

Die Liebe zur Weisheit treibt ihn an,
Weltergründer, Existenzerklärer,
was ist der Sinn des Lebens,
was ist gut und was ist böse,
immer auf der Suche nach Antworten
auf die nie ausgehenden Fragen.

Natur, Gesellschaft, das Erkennen,
philosophieren mit der eigenen Sicht der Dinge,
Nachdenken und In-Frage-Stellen,
als neue Denkanstöße in alle Richtungen,
oft genug um viele Ecken –
weil er es kann!

Verdächtigungen

Dieses ewige Gerede
hinter zugezogenen Gardinen,
auf den anderen
mit dem versteckten Finger zeigen,
dieses Denunziantentum,
aus niedrigen Beweggründen
angesteckt, aufgestachelt
zum blinden Mitmachen überredet.

Durch ein betrügerisches Verhalten
unter zermürbenden Verdacht geraten,
der schnell durch alle Straßen läuft,
Handlungen,
die nicht mehr los lassen,
der gute Ruf
in alle Einzelteile zerlegt,
die Beliebtheit ist Vergangenheit.

Herzstillstand
wenn der Briefkasten klappert,
keinen Mut mehr
vor die Tür zu gehen,
plötzlich eintretende Selbstzweifel
zerfleischen einem das Hirn,
wer streut so ein schwerwiegendes Gerücht,
aufpassen,
dass die Familie nicht zerbricht.

Der Weg zur Arbeit
wird zum Spießrutenlauf,
ist man halbwegs angekommen,
wird man auch dort
zu Rechtfertigungen gezwungen und
soll ja alles schnell in Ordnung bringen,
sonst ist man bald nicht mehr erwünscht.

Was soll man denn in Ordnung bringen,
wenn man gar nicht weiß,
um was es geht,
im Dunkeln heimlich zurück
ins Haus geschlichen,
all die unglaublichen Fragen,
soll man aufgeben und
den Ort verlassen,
die Flucht ergreifen
wäre eine mögliche Alternative,
doch dann hätte man auch
die Schuld unterschrieben –

NEIN!
Kein Öl ins Feuer
dieser Leute gießen,
denn es sind nur Wenige und
es kann nicht sein,
dass alle so denken –
neue Verbündete suchen und
gegen diese Chaoten kämpfen!

Umwelt

Wie wichtig die Natur
für den Menschen ist,
davon wusste schon
Schopenhauer [1] zu berichten,
ein einziger freier Blick
durch den Geplagten,
erquickt, erheitert, richtet auf,
alle Probleme werden
auf wundervolle Art beschwichtigt –
einige Generationen später
sind wir dabei,
diesen erquickenden Blick
in unsere Natur
entscheidend zu vernichten –
Klimawandel, Erderwärmung,
Treibhauseffekt, Luftverschmutzung,
Abholzung, Monokulturen,
Artensterben, Überfischung –
besser heute als morgen sollten wir
dies alles in den Griff bekommen,
sehr schnell muss jetzt endlich
gehandelt werden,
die Zeit wird immer knapper –
CO_2-Konzentration herunterfahren,
Erneuerbare Energie, Wiederaufforstung,
Schutz der Artenvielfalt,
Wiederherstellung von Lebensraum,
nachhaltige Landwirtschaft –
damit könnte es gerade noch klappen,

die größte selbstverschuldete
Herausforderung für die Menschheit
noch einigermaßen zu meistern,
denn Gier und der Egoismus
kennen keine Grenzen mehr,
immer schneller, immer weiter,
ohne Rücksicht auf Verluste –
stoppt endlich diesen Wahnsinn,
für eine saubere Umwelt,
eine gesunde Natur und
den Dank unserer Kinder und Enkel!

[1] Schopenhauer - Sämtliche Werke in fünf Bänden / Nikol Verlag, Hamburg - 2018

Fahne im Wind

Alles ausgerichtet
auf den eigenen Nutzen,
die Segel stehen fest im Wind,
egal woher er auch weht,
die eigene Meinung äußern,
wie sie andere hören wollen,
egal ob richtig oder falsch,
sich so für immer
durch das Leben schleichen,
alles ausgerichtet
auf den eigenen Nutzen,
moralisch einwandfrei,
auch wenn man sich selber
dabei belügt.

Liebe

vollständiger Satz
Kommunikation
Liebe zur Sprache

Tango

Lebensgefühl,
erotischer Zufluchtsort,
schwermütige Musik
leichtfüßig auf den Boden gebracht,
gemeinsame Bewegungen,
Körperumarmungen,
getanzte Kommunikation
mit prickelnd, intensiven Berührungspunkten,
völlige Hingabe und Intensität,
eindeutige Linien und klare Schritte
spiegeln in gedämpftem Licht
die Tanzbilder auf dem Parkett wieder,
das Glück des Augenblicks
zwischen Mann und Frau.

Die Feder

Eine Feder,
zart und blütenweiß,
schwebte mir vom Himmel
lautlos entgegen,
ein friedlicher Augenblick,
alles herum war ganz leis.

Ich geb sie an dich weiter,
vielleicht gehört sie ja zu dir,
denn auch du
kamst als Geschenk des Himmels,
völlig unerwartet zu mir.

Sie soll dich immer dran erinnern,
auch wenn wir an getrennten Orten sind,
mit meinen Gedanken
bin ich stets bei dir und meine Liebe
wird dich nie verlassen,
das garantiere ich dir.

Herz(störungen)

Meistens freundlich,
fast schon farbenfroh,
liebevoll entgegenkommend –
doch manchmal nur schwarz-weiß,
ängstlich und zugefroren,
fast schon eiskalt,
ähnlich der Laune der Natur –
wieder aufgetaut,
heiter und gütig,
rasend schnell, feurig heiß.

Redebedürfnis

Sag es mir,
egal wie, aber
sag es mir!

Halt es nicht zurück,
verschon mich nicht,
sag es mir.
Du brauchst keine Rücksicht nehmen,
ich bin alt genug,
sag es mir.
Trau dich nur,
keine Angst vor der Wahrheit,
sag es mir.
Ich vertrag das schon
und halt das aus,
egal wie, aber
sag es mir!

Es spielt keine Rolle,
ob positiv oder negativ,
sag es mir.
Warte damit nicht zu lange,
mach es ganz spontan,
sag es mir.
Bevor Gerüchte keimen
oder andere was erzählen,
sag es mir.
Ehrlichkeit ist wichtig,
wir müssen uns vertrauen,

sag es mir.

Nur aus deinem Munde
und mit deinen Worten
will ich es hören,
egal wie, aber
sag es mir!
Der Augenblick ist günstig,
wir sind allein,
sag es mir.
Du brauchst dich nicht zu schämen,
wir kennen uns ein Leben lang,
sag es mir.

Weißt du noch,
um was es eigentlich ging? –
egal was es war, aber
sag es mir!

heißer Körper
alarmschlagendes Herz
von süßem Liebessturm umweht

Gedanken

Denke ich an dich,
fließe ich dahin,
weiß nicht mehr wer ich bin,
kein Halt mehr unter den Füßen,
die Gedanken außer Rand und Band,
mein Herz ändert seinen Takt,
ich fahre Achterbahn,
mit magischer Hand ziehst du mich an,
ich spüre deinen Atem,
rieche, schmecke, fühle dich,
kann nicht mehr von dir lassen,
du bist die Quelle meiner Energie,
meine Arme halten dich auf ewig fest,
ohne dich zerbreche ich.

Wahre Liebe

Verstehe erst jetzt,
nach tausend Jahren,
was es heißt und
wie es geht,
wirklich zu lieben!

Was für Illusionen der letzten Jahre,
verfallen einem falschen Zauber,
alleingelassen beim Versuch zu lieben.

Jetzt, mit dir,
ist alles anders,
du änderst meine Herzfrequenz,
nur wenn ich an dich denke,
entstehen schon die schönsten Bilder,
früher Erlebtes erscheint jetzt klein,
nun verstehe ich,
um was es geht –

jetzt, mit dir,
ist alles anders,
wunderschön zu wissen
wie es geht,
wirklich zu lieben!

Heimathafen

Fernweh,
des Seemanns große Plage
ein Leben lang,
ungestillte Sehnsucht
nach einer anderen Welt,
zieht ihn wie ein Magnet
hinaus aus seinem Hafen.
Doch ist er endlich
draußen auf hoher See,
laufen seine Gedanken zurück,
seine Träume verblassen,
er vermisst sein Glück.
Lass es gut sein – Lolita,
seine Heimat ist nicht das Meer,
seine Heimat ist der Hafen,
seine Liebe ist nicht sein Schiff,
seine Liebe ist seine Braut,
sie wartet auf ihn und ihr Glück
in seinem Hafen.

Ilse

Unten im Keller,
in der Kühltruhe,
liegen die sterblichen Überreste von
Hugo,
in gleichgroße Teile
fein säuberlich getrennt –
als Leiche to go!

Wo ihn seine Angetraute,
in kommenden Tagen,
Stück für Stück entsorgen wird,
das sind noch offene Fragen.

Vierzig Jahre
hat sie ihn ertragen,
all die Demütigungen geschluckt,
eine endlose Zeit
der großen schmerzenden Plagen,
doch jetzt –
jetzt war endlich Schluss.

In langen schlaflosen Nächten
diesen Plan geschmiedet,
für die meisten eine grausame Tat,
doch für Ilse
ein grandioser, erlösender Tag.

Sich selbst zur Witwe befördert,
lässt sie den Champagner knallen,

stößt an mit ihrem Spiegelbild
auf ihre neue Freiheit,
zurück bleibt nur ein kurzer Gedanke
an die alten Zeiten,
noch verliebt in Hugo, beide vogelwild.

dort gegenüber
große Verlockung
bittersüße leise Falle

Himbeeren

Himbeeren – ja,
deine Lippen schmecken nach
Himbeeren
und sie haben auch dieses Rot –
Himbeerrot.
Wie würden sie aussehen,
schmeckten sie nach
Vollkornbrot?
Versprich mir,
dass sie immer himbeerrot bleiben,
nur dann schmecken sie –
glaube es mir.

Dufterlebnis

Pures Erleben
grandioser Sinnesreiz
bunt in allen Einzelheiten
um mich herum
der Duft der ganzen Welt.

Aufreizend süß
stechend oder beißend
flüchtig weitreichend
betörend nah
um mich herum
der Duft der ganzen Welt.

Bilder entstehen
Erinnerungen steigen auf
zugeordnete Farben
wie im Rausch
um mich herum
der Duft der ganzen Welt.

Faszinierende Eindrücke
sie bleiben bestehen
unfassbar schön
mit Lebensfacetten versehen –

aber der größte Duft
der ganzen Welt – das bist nur Du!

Liebesgefühle

Zittrig am ganzen Körper,
heiß-kalte orkanartige Wellen,
wie auf hoher See,
durchspülen meine Seele,
Sturm im Kopf,
Gedanken außer Rand und Band,
Freya führt mich
durch ein unbekanntes Land.

Ich trinke ihren Liebestrank,
verführerische Blicke
besetzen meine Augen,
hypnotisierende Klänge
machen mich widerstandslos
und ich fließe dahin,
kein Halt mehr unter den Füßen,
was ist bloß mit mir los?

Geflüster in meinen Ohren
von paradiesischen Orten,
gar nicht weit hinter dem Horizont –
komm wir fliegen dort hin,
deine Wünsche werden in Erfüllung gehen.
Blindlinks folge ich dieser Spur,
reißende purpurne Bäche
und auch die Blitze Donars
können mich nicht stoppen,
durch berauschende Gefühle
lasse ich mich weiter treiben

und ein unbeschreiblicher Zustand,
lässt mich endlich wieder hoffen.

Ich schrecke hoch,
nassgeschwitzt, wie vom Liebestau,
das Herz klopft bis zum Kopf,
abrupt herausgerissen, orientierungslos
wache ich auf aus diesem Traum –
und weiß nicht,
welche Gedanken sind noch mein.
Es klopft an der Tür,
war ich wirklich die ganze Zeit hier?
Ich mache auf und lass SIE rein.

Unterstützung

Hab keine Angst,
ich bin immer bei dir,
auch in deiner größten Not,
du bist nicht allein,
gemeinsam schaffen wir das,
auch wenn wir
an zwei verschiedenen Orten sind,
meine Gedanken
sind immer bei dir,
auch in deiner größten Not.

Wenn du mich rufst
lasse ich alles stehen und liegen
und komme sofort zu dir,
du bist nicht allein,
ich gebe dir immer den richtigen Halt,
hab Vertrauen
und keine Angst,
ist das Problem auch noch so groß,
ich bin immer bei dir,
auch in deiner größten Not.

endlose Blicke
weiter Horizont
find dich nicht mehr

Du

Ich kenn dich wie kein anderer,
muss dich gar nicht sehen,
spür deine Anwesenheit sofort –
ein unaufhörliches Herzklopfen
hat mich in Besitz genommen,
schon ein gefühltes Leben lang
eingemeißelt als unlöschbares Bild,
im Universum meines Körpers
treiben die Gedanken an dich
meinen Puls zu alarmierenden Zahlen,
meine Adern brennen heiß
und mein Kopf wird besetzt
von Zeitraffern aus gemeinsamen Tagen –
ein Leben langes Denken an dich.

Auch wenn wir räumlich getrennt sind
weichst Du nicht von meiner Seite,
in all den guten, aber auch schlechten Zeiten,
die eigenen Interessen oft genug
unglaublich weit in den Hintergrund geschoben,
machst Du mir mit deinem
zauberhaften Lächeln grenzenlosen Mut
und steckst an zu neuen Taten,
findest dabei immer die passenden Worte,
ist die Lage auch noch so dramatisch,
Du bist mein verlässliches Fundament –
ohne dich wäre ich nur ein halber Mensch!

Wohlwissend um dieses große Geschenk,

den eigenen Egoismus in ferne Welten verbannt,
auf deine persönliche Freiheit geschaut,
denn nur wer so ein wertvolles Gut besitzt
ist in der Lage, auch große Liebe zu schenken –
noch immer überfällt mich durch dich
ein ganz spezielles Kribbeln,
eine Gänsehaut der unbeschreiblichen Art
und Adrenalin gefüllte Glücksmomente
durchlaufen die körpereigene Umlaufbahn.

Auch ich lasse dich nicht im Stich,
bin Tag und Nacht, Woche, Monat und Jahr
immer für dich da,
will dir damit danken
für dein riesengroßes Herz
und hoffe für den Rest unseres Lebens,
dass sich daran nichts mehr ändern mag.

Wir machen weiter wie bisher
und wissen voller Spannung,
es gibt noch immer Neues zu entdecken –
aufgeregt wie beim ersten Mal
und hüten diesen großen Schatz,
für einander da zu sein,
passen gemeinsam auf ihn auf,
damit er uns nicht verloren geht,
so kann uns niemand etwas wollen,
zusammen haben wir unseren festen Platz.

Ich danke dir für diese große Errungenschaft,
denn Du allein bist der Ursprung

dieser gemeinsamen Kraft.

Sommerabend

Sternenklar laue Nacht
Grillentöne
Wein im Glas
Zigarrendampf
Liebesglück im Arm

Liebe

Die Liebe steht für
Liebschaften
Liebelei
Liebhaber
Liebling
Liebende
Liebesdienst
Liebeszauber
Liebesgott
egal ob Amor oder Eros
sie wachen über unsere
Liebesmühe
die Liebesnacht
das Liebesspiel
und helfen uns beim
Liebesschwur
Liebesentzug und
großem Liebeskummer –
nur der Liebestöter
ist ganz allein
unsere eigene Nummer!

gefährliches Eis
stille Tiefe
halt mich auf ewig fest

Liebeszeilen

Völlig unerwartet und überraschend zugleich
sind wir uns begegnet und haben uns
in scheinbar stiller Absprache Schritt für Schritt
auf einen Weg der gegenseitigen Entdeckungen
und des Kennenlernens begeben –
mit einer spannenden, aufregenden Vielfalt,
die uns noch oft staunend zurücklässt.

Ein Weg, der uns auch ungläubig stolpern lässt,
auf dem uns dann ab und zu einfach noch
die richtigen Worte fehlen, da die Gedanken
nur schwer einzuordnen sind, begleitet
von teilweise aufgewühlten, schlaflosen Nächten.

Doch jeder neue Schritt, an jedem neuen Tag,
bringt uns ein Stück weiter auf diesem gemeinsamen Weg,
der nur von harmonisierenden Seelen,
die sich gegenseitige Freiheit geben,
gegangen werden kann.

Dabei ist es völlig egal, ob dieser Weg
vielleicht noch einige Irrungen und Wirrungen
oder Umleitungen für uns parat hält.
Wenn wir dann zusammen das Ziel erreichen,
wartet als gegenseitiges Geschenk
das Band der Liebe auf uns – es wäre schön,
wenn wir es dann gemeinsam für immer halten.

Schon jetzt kann ich nur noch schwer ohne dich sein,

ich brauch so sehnsüchtig deine Nähe,
möchte dich immer spüren, dich einatmen
und jede Sekunde mit dir,
die mit tausend Glücksmomenten gefüllt ist,
aufsaugen und dich auf ewig umarmen.

Ich kann mich nicht erinnern, was ich ohne dich war,
aber ich weiß, was ich mit dir bin –
überglücklich nach langen einsamen Jahren
einen so wertvollen Menschen wie dich gefunden zu haben.
Du bringst mich positiv um meinen Verstand,
meine Sinne spielen scheinbar verrückt,
es ist so, als suche ich mitten im Fluss das Wasser
und es entsteht ein ganz besonderes Kribbeln,
auch schon dann, bist du nur im Zimmer nebenan.

Ungleichheit

Zwei Herzen im Dreivierteltakt
das war einmal,
was für ein trauriger Akt,
der Gleichklang ist verloren
und sie schlagen wieder für sich allein!

Erschöpfung

Wie brennende Strahlen
auf nackter Haut,
Schweißperlen überfluten
die innigen Körper
als silberne Kugeln.

Erdrückende Umarmungen
pressen neue Tropfen heraus,
festverschnürt,
kein Loslassen in Sicht,
atemlose Liebe
bis zur völligen Erschöpfung.

Zwischendurch

am Ende
keine Fragen mehr
es bleibt alles offen

Preisverleihungsbericht

Gestern Abend wurde endlich der Preis verliehen.
Mehrmals mussten sie die Feier verschieben,
der eigentliche Preisträger war ihnen weggestorben.
Laut Presse ein Affront gegenüber der Jury,
andere tuschelten hinter vorgehaltener Hand,
auch eine Möglichkeit den Preis nicht anzunehmen.
Unverzüglich wurde ein neuer Preisträger benannt,
dieser, so stand es in der Zeitung, sei kerngesund,
doch zum Entsetzen der Jury hatte er kein Interesse.
Er würde keine zweite Geige spielen wollen,
da er auch grundsätzlich nicht sehr musikalisch sei,
könnte aber helfen jemand anderen zu suchen.
Der Saal für die Verleihung war jetzt nicht mehr frei,
die Jury reagierte prompt und änderte die Strategie,
ein Kritiker schrieb von einem genialen Schachzug.
Einer inflationären Preisflut würde entgegengewirkt,
schon längst wäre es einmal an der Zeit gewesen,
den Preis direkt an die hervorragende Jury zu vergeben.
Alle waren spontan begeistert von dieser rettenden Idee,
doch die Witwe des Erstbenannten hielt dagegen
und ließ verlauten, den Preis postum entgegenzunehmen.
Postum – laut Presse eine wundervolle Geste der Jury.
Für dieses kulturelle Ereignis fand sich schnell ein neuer Saal,
die unmusikalische zweite Geige übernahm spontan die Laudatio.

Gestern Abend wurde endlich der Preis verliehen!

Blickwinkel

Unsere guten alten, analogen Werte
sind über Nacht verloren gegangen,
das digitale Zeitalter ist der neue
Herrscher über unsere Gesellschaft,
unsere Arbeit und unser privates Leben.
Alle wichtigen Bereiche haben sich gewandelt,
die neuen Medien nehmen Einfluss
auf unser alltägliches Verhalten –
ohne soziale Netzwerke, egal welcher Art,
sind wir nicht mehr lebensfähig –
so wird es uns glaubhaft versichert,
wer nicht mitmacht ist raus,
ein Termin jagt den anderen, online
rund um die Uhr, das alte normale Umfeld,
dass uns allen in früheren Zeiten
so wichtig war, geht nach und nach verloren.
All diese interessanten, reizvollen Begebenheiten
und Eindrücke, diese visuellen Wahrnehmungen,
die um uns herum jeden Tag stattfinden,
geben wir dabei unbemerkt auf –
dies dürfen wir nicht zulassen, müssen
unseren eigenen Blick wieder schärfen,
unsere eigene Betrachtungsweise zurückholen,
mit ihr bis ins Detail gehen, um der eigenen
Inspiration neue Impulse zu setzen,
die Wertschätzung normaler Abläufe
in unserer direkten Umgebung
muss wieder zurück ins Boot geholt werden.

Schillervariationen

Hoffnung, Breite und Tiefe, Sehnsucht, An die Freunde

Tagaus, tagein beschäftigt uns das Leben,
man redet viel an einem langen Tag,
doch ist es nur ein sehr naives Streben
mit einem träumerischen Zukunftsblick –
ohne, dass dieser uns wirklich zu helfen vermag.
Die Jagd nach einer neuen Glückseligkeit,
mit einer besseren Lebenswelt,
bleibt dem Menschen so – meistens versagt.

Trotzdem hoffen wir alle ein Leben lang,
schon früh fangen wir damit an,
wissbegierig nach diesen Zielen
und einem vermeintlich tollen Leben,
hetzen wir kaum merkend dem Alter entgegen.
Noch nicht mal im Angesicht des Todes
geben wir auf – bis zum letzten Tag
bestimmt der Wert des Lebens diesen Lauf.

Die uns begleitende Hoffnung
ist glücklicherweise nicht immer nur naiv,
denn manche Inhalte dieses Rennens
gestalten sich nach erstem Zögern durchaus positiv.
Man muss in kleinen Etappen denken,
dann lässt uns unser Gefühl nicht im Stich,
vergessen wir das große Ganze –
und verraten unsere Seele nicht.

Schlaue allwissende Leute,
mit passenden Antworten auf jede Frage,
sieht man ständig durch die Gänge jagen,
alles zu wissen ist deren Ziel,
ohne Bedenken treten sie damit auf,
doch für unser aller Entwicklung
ist das der falsche Verlauf.
Sind sie einmal nicht mehr da,
suchen wir tief in ihrer Hinterlassenschaft
und müssen bei genauerem Hinsehen passen,
sie haben uns nichts Brauchbares dagelassen.
Gegen eine umfassende Bildung
kann niemand etwas sagen,
aber will man wirklich was erreichen,
und zählbare Akzente setzen,
so geht dies nicht in der Breite,
nur mit wichtigen Dingen und im Kleinen
stellt man zuerst die richtigen Weichen.

Es ist ein schwieriges Unterfangen
aus dem Tal falscher Entscheidungen zu gelangen,
die Sehnsucht ist groß nach einer neuen Ordnung,
aber nicht nur der Einzelne soll sich ändern,
nein – auch die Gesellschaft muss sich neu gestalten.

Hätten wir Flügel wie ein Adler
und Ohren wie ein Luchs,
würden wir ihn vernehmen, den Wohlklang
aus dem fernen Nachbartal.
Mit schlagenden Flügeln erheben wir uns dann
aus unserem eigenen Jammertal und gleiten hinüber

in eine neu erträumte Welt.
Wie im Schlaraffenland soll es da sein,
eine Erholung für die leidende Seele,
wo die Sonne immer scheint.
Fliegen wir los! mit schnellen Schwingen,
das Ziel ist bekannt, doch eine unsichtbare Hand
kann unsere Bemühungen bezwingen,
als Sturm, wie ein lauter Orkan, drückt sie dagegen,
wir sind zu schwach und unser Plan kann nicht gelingen.

Doch es wäre falsch jetzt aufzugeben,
lass uns kämpfen in unserem eigenen Tal,
der Sturm hat uns sicher zurückgeleitet,
es ist ein Zeichen für alle Mal.
Wer glaubt an seine Ziele,
der nimmt sein Leben selber in die Hand
und erobert sein eigenes Wunderland.

Vielleicht gibt es schönere Flecken auf dieser Erde,
wir wissen es nicht meine Freunde,
hier wo wir jetzt leben haben wir uns arrangiert
und jeder hat sein Bestes gegeben.
Vielleicht gibt es für den Einzelnen
woanders auf dieser Erde,
auch schönere Zeiten zu erleben,
aber was hilft uns das ganze Gerede,
hier wo wir jetzt leben haben wir uns arrangiert
und jeder hat sein Bestes gegeben.
Auch große Berichte aus anderen Welten,
wo der Mammon die Menschen regiert,
können uns nicht täuschen, wir wissen,

warum es bei uns so läuft und haben es begriffen.
Keine Sorge meine Freunde,
Veränderungen wird es auch woanders geben
und vielleicht träumen sie dann dort –
von unserem Leben.
In unserer Fantasie darf alles bleiben, es veraltet nie!

Menschsein

wiederkehrende Glücksmomente
vorangegangene Trauer
eine sich befreiende Seele

Gedankenzettel

Es trifft nicht jeden,
auch gibt es dafür keine Regel,
doch jetzt hat es mich getroffen,
es ist wohl wie beim Fall der Kegel.

Was soll ich tun, was muss ich machen,
bevor ich es vergesse –
kein Zustand mehr zum Lachen.
So lange es noch geht – denk ich mir,
sollte ich einen Zettel schreiben,
dass ich einen Zettel schreibe,
damit ich die Dinge um mich herum
um Gottes willen nicht vergesse!

Jetzt bin auch ich betroffen
und ich hoffe nur, ich weiß es immer,
wie es um mich steht – und,
dass es auf den Zetteln um meine Dinge geht.

Negative

Verlorene Körper,
die Negative von zwei Menschen,
einsam und verlassen,
blutarm und ausgebrannt,
sich selber aufgegeben
und die Schmerzgrenze des
Erträglichen überschritten,
psychische Grausamkeiten,
aneinander aufgerieben,
das gemeinsame frühere Ziel
aus den Augen verloren.

Warum diese ganzen Qualen? – jahrelang!

Man weiß es nicht,
Erklärungen fallen beiden Seiten schwer,
zwei Menschen miteinander,
einsam, verlassen und leer.

Wellengang

Stetig kommen sie herein,
in jedem einzelnen Molekül
bricht sich gleißendes Licht,
silbernes Glitzern und Glänzen –
begleitend beruhigende Töne.

Gefrierendes Blut in den Adern,
schwerer Seegang durchzieht
mit stockendem Atem den Körper,
von Kopf bis Fuß und zurück –
fehlende beruhigende Töne.

Systemgefährdende Reaktionen,
fehlgesteuerte Reize im Gehirn,
ein neues Gleichgewicht zum Ziel,
den Hochofen herunterfahren –
Entspannung ohne störende Töne.

Als helfendes Vorbild die Natur,
Dinge geschehen und vergehen,
des Meeres aufgewühltes System
durch auslaufende Wellen bereinigt –
nichts mehr als leise ruhende Töne.

Erinnerungen

Erinnerungen
als Bilder in unseren Köpfen,
unvergessene Szenen vergangener Tage,
bleibende Orte
mit Glücksmomenten und Traurigkeiten,
Begegnungen
mit Gefühlen die uns plagen,
Enttäuschungen, tiefer Hass und bunte Momente,
Freundschaften und Feindschaften,
kleine Streitigkeiten, Zerwürfnisse, große Freude,
Herzklopfen, zärtliche Blicke,
Tränen, Sehnsucht und Liebesrausch ohne Ende.

Erinnerungen – stumme Worte
als Zeitzeugen in unseren Köpfen.

Aufgegeben

Irgendwann bist du verwelkt,
wie eine Blume in ihrer Vase,
jeden Tag ein Stückchen mehr,
du – dort hinten in der Ecke,
in diesem Sessel, innerlich ausgetrocknet,
da die Erinnerung nicht mehr wollte,
hast du dich selber verloren,
kein Aufbäumen,
kein dagegen Ankämpfen,
in des Sessels Einsamkeit geflüchtet
und vergessen wie es geht,
wie man auch im Alter lebt –
zu wenig Wasser in deiner Vase.

verwehte Gedanken
leerer Raum
allein mit meinem Schatten

Erdrückungen

Schwere Tage
mit sorgenvollen zermürbenden Momenten,
existenzielle bedrohende Fragen,
wenig Schönes
mit Zukunftsangst in allen Ecken,
Fehlersuche an falschen Orten,
ohne Hoffnung
auf bessere schönere Zeiten,
den Lebensplan irgendwo verloren,
ewige Ziele
verschwinden in träumerisch weiter Ferne,
trotz aller Bemühungen
keine Besserung in Sicht.

Schonmalerlebtes

Das Gegenwärtige schon einmal gesehen,
die Realität wird scheinbar unterdrückt,
unbekannte Gegenden zeigen sich altbekannt,
Warnung! – die Synapsen spielen verrückt.

Ein Déjà-vu der Extraklasse lässt mich schwanken,
sind es Wirklichkeiten oder geträumte Situationen,
nein – ein Traum kann das nicht sein,
dieses verwirrende Spiel meiner Gedanken.

Die Sinneszellen geraten sichtbar durcheinander,
fremde Sätze irgendwie schon mal gehört,
dazugehörige Dinge sind mir sofort vertraut,
durch eine völlige Erschöpfung wirke ich wie zerstört.

Spontane Bilder als echte Gemälde seit ewiger Zeit,
vergängliche Orte bleiben wach,
anscheinend auf Lebenszeit archiviert,
täuschende Ungewissheit oder nichts als Wahrheit,
Erregung, ängstliche Blicke,
es bleibt ein Wirrwarr der Gedanken in meinem Kopf.

Ich bin bei einer noch nie gesehenen Aufführung,
einem Stück aus meinem Spiegelbild des Schonmalerlebten.

Hilfe

Seelische Störung
kranker Geist
keine Hilfe in Sicht
offene Pulsadern
im dämmernden Licht.

Walzertanzende Dämonen
schweben halbhoch
durch den Raum
der hyänenartige Ruf einer Krähe
dringt durchs Fenster
der Kopf füllt sich mit
undurchdringlich schwarzem Schaum.

Laute Schreie
Hilferufe einer zerbrochenen Seele
verhallen mit dumpfem Klang
in depressiver Selbstzerfleischung
und machen unheilbar krank.

Schreiben

Schreiben,
Zeilen schreiben,
mit blauer Tinte
auf weißem Grund,
unausgesprochene Gedanken
geordnet auf Papier,
Zeile für Zeile
hintereinander weg,
blau auf weiß.

Schreiben,
Zeilen schreiben,
per Hand festgehaltene Mitteilungen,
mündlich nicht gelungen,
jetzt auf dem Papier
fangen sie an zu klingen,
hintereinander weg,
blau auf weiß.

Schreiben,
Zeilen schreiben,
die Seele entlasten,
in schönster Schrift,
auf blütenweißem Papier
spürt man die Erleichterung,
hintereinander weg,
blau auf weiß.

Schreiben,
Zeilen schreiben,
kräftig durchgeatmet
und in Wörtern gebündelt,
das leere Blatt Papier
hat die Zeilen aufgesogen,
hintereinander weg,
blau auf weiß.

Schreiben,
Zeilen schreiben,
die blaue Tinte geht zur Neige,
das letzte Blatt
ist noch ganz weiß,
jetzt nur keinen Fehler machen,
der letzte Satz muss aufs Papier,
Buchstabe für Buchstabe
wohl bedacht,
hintereinander weg,
blau auf weiß.

Schreiben,
Zeilen schreiben,
einmal angefangen
gibt es kein Zurück,
fast willenlos, ohne Gegenwehr
sprudeln die Gedanken,
auf noch neues unbeflecktes Papier,
jetzt mit schwarzer Tinte
hintereinander weg,
schwarz auf weiß.

große Stille
hinter den Türen
verschlossen für die Wahrheit

Unterm Strich

Unser Lebensalter
proportional zu unserem Planeten,
ein hinkender Vergleich und ungerecht,
wenn am Ende unterm Strich,
zusammengezählt, wir uns fragen,
ob das wirklich alles ist –
das kanns doch nicht gewesen sein,
wir hatten doch darauf das Vorzugsrecht.

Ein bescheidenes Ergebnis,
dass wir in unseren Händen halten,
nach all der Müh und großen Plage,
falsch investiert in wertvolle Lebenstage.
Jetzt, am Ende, ist es zu spät,
einen Bonus bekommen wir nicht,
wir können das Resultat nicht ändern,
da hilft uns kein Gericht.

Sollten wir in fernen Zeiten,
von wem auch immer,
eine zweite Chance erhalten,
dann brauchen wir eine andere Philosophie
und müssen unser Leben besser verwalten.

Anschweigen

Nichts als Schweigen,
sich gegenübersitzend
mit starren Blicken in den leeren Raum,
eiskalte Stille,
erdrückend und plagend –
wer macht den Anfang?

Fehlende Sätze,
nicht einmal ein Wort,
hat man sich nichts mehr zu sagen?

Der falsche Augenblick
oder nur Mutlosigkeit,
vielleicht auch Feigheit,
fragende Gedanken unausgesprochen –

wer bricht zuerst das Schweigen?

Kartenspiel

Das Leben ist ein Kartenspiel,
der Ober sticht den Unter,
der Fisch, der stinkt vom Kopf,
gerecht verteilt sieht anders aus.

Man lebt in einem Kartenhaus,
man weiß nicht immer
wie geht das Ganze aus,
soll ein Partner mit ins Boot,
spielt man dann die richtige Karte aus?

Ein Solo könnte helfen,
aber will man wirklich Ober werden?
Der Fisch, der stinkt vom Kopf,
gerecht verteilt sieht anders aus.

Frühgedanken

Aufgewacht, nachgedacht –
fehlgeschlagen.
Rumgedreht, wieder eingeschlafen,
wieder aufgewacht, nachgedacht.
Voller Sorgen,
das wird kein guter Morgen.

Aufgestanden, nachgedacht –
fehlgeschlagen.
Weiter voller Sorgen,
das ist kein guter Morgen.

Hingesetzt, nachgedacht –
wie kann ich das bloß ändern?
Fehlgeschlagen.
Wieder aufgestanden, nachgedacht –
ich leg mich nochmal hin,
nur so macht der Morgen Sinn!

60

Alt, jung –
jung, alt –
wichtig, unwichtig,
egal – für wen?

Für mich, dich, andere –
für wen?

Zweifelnd, sicher, unsicher –
alt, jung – wichtig, unwichtig,
40 Jahre alt,
60 Jahre jung – ja,
es ist wie es ist!

Ich fühl mich gut,
lass sie alle reden,
ich fühl mich jung –

60 –
es gibt kein besseres Alter für mich!

goldene Jahre
ewiger Traum
verblassen in der Zukunft

Stumm

Als wäre sie,
dort wo sie immer stand,
ein Gemälde hinter Glas,
wunderschön und zart,
etwas verlegen,
fast schon schüchtern,
doch warum?

Ihr Blick, der war immer ganz klar –
da war sie frei!

Mal nach links,
mal nach rechts
wanderten ihre Augen,
fixiert auf alles,
es entging ihnen nichts
und niemand
konnte sich ihren Blicken
entziehen, wenn man sie dort sah,
hinter der Scheibe –
da war sie frei!

Eine für sie
beeindruckende visuelle Welt,
hoch intensiv,
mit spannenden Augenblicken
durch hochauflösende Wahrnehmungen,
dort hinter der Scheibe –
da war sie frei!

Dort fühlte sie sich sicher,
dort ging es ihr gut.
Musste sie auf der anderen Seite,
vor der Scheibe, stehen,
verschwand der klare Blick,
unsichere Bewegungen,
Schritt für Schritt.

Keine beeindruckende
laute Welt,
nichts war da,
alles blieb stumm!

Dort vor der Scheibe
ging es ihr nicht gut,
spannende Augenblicke ersetzt
durch gefährliche Wahrnehmungen,
begleitet von unsicher gewordenen Blicken –
da war sie nicht mehr frei!

Eine für sie
bedrohliche, lautlose Welt,
stressintensiv,
auf der anderen Seite der Scheibe –
da war sie nicht mehr frei!

Wieder hinter der Scheibe,
das Herz schlägt noch bis zum Hals,
der Blick wird nur langsam wieder klar,
wieder bereit, wenn auch zögernd,

für eine beeindruckende, visuelle Welt.

Dort hinter ihrer Scheibe,
nur dort ging es ihr gut –
nur da war sie frei!

Horizont

In weiter Ferne,
alles etwas verschwommen,
eine horizontale Linie –
ich wüsste gerne,
wie kann man zu ihr kommen,
denn sie ähnelt einem Genie,
von wo auch immer man sich nähert,
sie bleibt für uns in weiter Ferne
und wir erreichen sie nie.

Genau wie unsere Traumwelten,
auch in weiter Ferne,
dort hinten,
wo die Sonne den Horizont
scheinbar niederbrennt, feuerrot –
ein Stier, der reagiert auf Rot,
will sich nur wehren – und wir,
warum fühlen wir uns so
dort hingezogen?

Scheinwelten am Horizont,
geträumte Paradiese,
aber im Lostopf für die meisten,
bleiben nur die Nieten,
doch glücklich sein kann man auch,
mit dem was man hat
und zwar hier und gleich –
nicht dort hinten
in weiter Ferne,

wo die Sonne den Horizont
scheinbar niederbrennt!

blendendes Licht
falscher Einfluss
zu viele Schritte zurück

Fitness

Nicht so viel hiervon
und davon auch nichts mehr,
Kalorien reduzieren,
sich mit dem Stoffwechsel arrangieren,
Sport, ja Sport ist wichtig,
mache ich auch bloß alles richtig?

Ein persönlicher Trainer muss her,
mein Body-Mass-Index wird auch immer mehr,
was ist um Gottes willen Adipositas –
Fettleibigkeit – was, schon so schlimm ist das?

Ich muss jetzt reagieren,
schnell die Currywurst mit Pommes aufgegessen
und ins nächste Kaufhaus wie besessen.
Eine Kleidernummer größer reserviert,
im Supermarkt nebenan,
die Chips auf nur eine Tüte reduziert
und auch mein Getränkehändler fühlt mit mir,
verkauft nur noch den halben Kasten Bier.

Rechtzeitig zur Sportschau wieder zurück,
ein spannender Abend steht bevor,
wer spielt heute eigentlich alles mit?
Egal – ich bin jedenfalls startklar
und lasse meine Schuhe an – turnschuhfit.

Beleidigtsein

Gekränkt, beleidigt,
eingeschnappt – mimosenhaft,
den Grund schon längst vergessen,
zu viel gefordert, zu sehr bedrängt,
die Antwort ist nicht schmeichelhaft,
okay, die kann man so nicht stehen lassen,
doch das Gejammer über alles,
zu viel Gemecker und versteckte Stichelei,
auf keinen Fall nachgeben,
nein, man kann das nicht verzeihen,
deshalb die Blumen abgelehnt,
man entscheidet schon noch selber,
wann es wieder geht.

Tagesnotiz

Nebelschweres Erwachen
orientierungslos dumpfer Kopf
leere Gedanken –

Gesicht unter Wasser
stärkende Tassen mit Kaffee
lohnender Startversuch –

Blick auf den Stundenplan
des Tages quälende Arbeit
ohne Mut –

Änderungen müssen her
orientierungslos dumpfer Kopf
leere Gedanken –

Unklarer Durchzug im Büro
lästige Diskussionen
fehlende Inspiration –

Nachmittagskaffee als Rettung
erste wirklich klare Überlegungen
steigender Mut –

Schwer erreichter Feierabend
Vorfreude im hellen Kopf
tolle Gedanken –

Lebenslust und Freiheit steigen

mit frischem Elan
in die Nacht –

hoffentlich nicht wieder
mit nebelschwerem Erwachen!

Schwäche

Kann nicht mehr schlafen,
liege immer wach,
schwefliger Geruch beißt sich
durchs Zimmer,
des Teufels Geister nehmen Besitz,
doch die Neugier lockt,
kann der Versuchung
nicht widerstehen.

bedrohlicher Zustand
mit Zetteln helfen
vor der Angst des Vergessens

Traumbaum

Draußen auf dem Hügel
ganz allein,
weit und breit
der einzige Baum,
ich kenn ihn aus meinem Traum.

Will ihn immerzu umarmen,
schaff es aber nicht
und schau ich an ihm hoch,
hat er einen großen Schirm gespannt,
der spendet mir kein Licht.

Erdrückend ist es
unter diesem Dach,
es nimmt mir meine Atemluft,
denn es wächst von oben zu mir runter,
ich versuche wegzulaufen,
schaff es aber nicht.
Werde wie von Geisterhand gehalten
von einem merkwürdigen Duft,
erste Ranken umschlingen mich
und fesseln meinen Körper
an des Baumes Stamm,
ich kann jetzt nicht mehr weg,
drohe zu ersticken,
bekomme keinen Ton heraus,
nur noch hilfeschreiende Blicke
in Richtung Elternhaus.

Zum Glück
wach ich aus diesem Traum
immer rechtzeitig wieder auf
und schaue schweißgebadet aus dem Fenster,
nach draußen auf den Hügel.

Ganz allein,
weit und breit
steht er da, der einzige Baum –
der aus meinem Traum.

Stille

Manchmal erscheint sie endlos –
befreiend, eine Rettung als letzter Strohhalm
aus einem uns überfallenden psychischen Lärm,
sich einhämmernde bedrohende Situationen,
alltäglich, immer und überall.

Doch die Endlosigkeit ist trügerisch,
sie hat nur Kraft für kurze Momente,
die uns nicht belohnen für unsere Tapferkeit,
denn der Lärm wird nach jedem Mal lauter,
die Kraft versickert im täglichen Kampf,
wir können uns nicht mehr widersetzen,
verlieren unsere Stille ganz.

Aber wir dürfen nicht aufgeben
mit der Suche nach dem ersehnten Ort,
an dem wir wieder zu uns finden können
und uns erholen, mit einer besonderen,
für uns ganz eigenen, neuen Stille.

Verloren

Die Gedanken stehen still,
auch mit aller Macht, es geht nicht weiter,
Schatten im Kopf verfolgen die Seele,
die Aussicht ist getrübt, nichts ist mehr heiter.

Verwirrungen an jeder Ecke,
dunkle Angst durchläuft das Hirn,
wie von unbekannter Hand gesteuert,
geschehen nicht gewollte Dinge.

Kontrollverlust – die Schatten werden größer,
was passiert, kann man nicht mehr erklären,
schon längst glaubt einem keiner mehr
und man hat das eigene Rennen verloren.

Unaufhaltsam steigt des Wahnsinns Fieber
in schwindelerregende Höhen,
so ein Leben ist nichts mehr wert,
Panik fließt in die entlegensten Glieder.

Fremde Kräfte übernehmen die Oberhand,
man ist nicht mehr Herr seiner Sinne
und auf Hilfe wartet man vergeblich,
der Lösung letzter Weg ist jetzt nur noch sterblich.

Lebensgrün

Die Natur und ihr Grün,
jedes Jahr neu,
immer wieder frisch –
des Menschen Grün,
einmal im Leben,
bevor es sich wandelt
zu späterem Heu.

Einmaliges Leben
ohne erneuerndes Grün,
keine Chance
zum Korrigieren –
es ist unser erstes Leben,
dass langsam verwelkt,
da kann man kaum reagieren.

Jedes Jahr älter,
das Schlimme,
im Vergleich zur Natur,
nie wieder frisch –
des Menschen Grün,
ein einmaliges Geschenk,
so wie das Leben an sich.

unterdrückte Realität
verwirrende Bilder
unbekannte Gegend altbekannt

Durchsetzungsvermögen

Der Geruch des Lebens,
berauschend,
vielfältig,
überwältigend,
doch je länger die Zeit läuft,
verblassen die Düfte,
normale Alltäglichkeiten,
einheitlich,
langweilig dieser Trott,
das darf man nicht zulassen,
dagegen kämpfen,
den berauschenden
Geruch des Lebens zurückholen,
durchatmen,
frei sein – unbeeinflusst,
mit neuen Düften.

Nachgedanken

Wie wäre es gewesen,
hätte man sich anders entschieden,
was wäre mit diesem Leben,
hätte man dann so manche
Schwierigkeit vermieden?

Wie wäre es gelaufen,
hätte man beruflich
einen anderen Weg genommen,
könnte man sich jetzt mehr dafür kaufen
und hätte man dadurch
wirklich was gewonnen?

Wer würde jetzt
zu seinen Freunden zählen,
hätte man die gleiche Frau,
würden einen immer noch
so viele Fragen quälen
oder wäre man vielleicht
gar nicht so schlau?

Heute sind Veränderungen
oftmals lebenswichtig,
was zählt da noch Familientradition,
ist der Eltern Bodenständigkeit noch richtig
oder kämpft man schon längst
für eine falsche Position?

Es ist so wie es ist,

Gedanken hin, Gedanken her,
Fragen, auf die es keinerlei Antwort gibt,
ändern kann man es sowieso nicht mehr,
auch wenn man sich stets damit beschäftigt.

Das Hier und Jetzt ist wichtig,
dies sollte doch genügen,
ohne die belastenden Gedanken
etwas anderes, Neues zu tun – und dies,
vielleicht auch wieder mit Vergnügen.

Suche

Eissturm
auf der Seele,
warum
tust du mir das an?

Verflogene Liebe,
verlaufen
in anderen Kanälen,
wann
fing das alles an?

Leere Blicke
durchdringen
meinen gläsernen Körper,
Empfindungen
im Bach der Tränen
verflossen.

Einsamkeit
in quälenden Stunden,
die sich füllen
mit der Suche
nach dem Warum.

Unsicherheit
in meinen Gedanken,
es reicht wohl nicht,
immer nur woanders
nach Fehlern zu suchen!

Alter

Alt geworden,
hinter meinem eigenen Rücken,
mein Spiegelbild,
hat mich vorne nicht verraten,
meine Augen sind mit ihm
den langen Weg gegangen,
unbemerkt
bin ich älter geworden – erheblich –
und die anderen,
die behalten es für sich,
aber es ist ja nur ein Gesicht
und der Rest ist verkleidet –
entscheidend ist,
bröckelt es auch hinter der Fassade,
was macht die Geisteskraft,
liegt sie vielleicht auch schon im Argen?

rastloses Streben

unklare Ziele

als Verlust des Wirklichen

Augenwahrheiten

Worte wandeln sich schnell
in Schall und Rauch,
das ist schon fast
ein guter Brauch,
will man prüfen einen Menschen,
ob man ihm vertrauen kann,
muss man in seine Augen sehen,
sie verraten uns,
wie die Dinge um ihn stehen.

Aufgewacht

Fünf Uhr morgens
und schon wieder wach,
vor vier Stunden
erst ins Bett gegangen,
nichts Falsches geträumt,
einfach nur hell wach –
was ist da schief gegangen?

Was hat das zu bedeuten,
was soll man nicht verschlafen,
warum geht die innere Uhr
plötzlich so weit vor?

Fehlt für bevorstehende Aufgaben,
wir haben sie durch eine innere Unruhe
mit in den Schlaf genommen,
vielleicht nur eine gute Portion Gelassenheit?

Besonnenheit wäre da von Vorteil,
eine selbstbeherrschte Gelassenheit
behandelt die innere Unruhe rational
und wäre im Fall eines gesunden Schlafes ideal –

aber wer weiß das schon,
um fünf Uhr in der Früh!

Endlos

Unser Leben ist endlos,
für jeden von uns,
egal wie lang es dauert,
in dieser endlosen Zeit
ist es auch einzigartig,
für jeden von uns,
egal wie lang es dauert,
auch zusammen
bleiben wir einzigartig,
auch zusammen
lebt ein jeder von uns endlos,
egal wie lang es dauert,
im Laufe der endlosen Zeit
sind wir wieder allein,
aber wir bleiben einzigartig,
ein jeder von uns
und unser Leben bleibt endlos,
egal wie lang es dauert.

Egoismus

Die Gedanken heißt es,
sind frei, niemand
kann sie erraten,
der Mensch entscheidet
in seinem Himmelreich,
doch darf sein Wille
und sein Streben
nicht zur Selbstsucht werden,
egozentrische Antriebe,
können nicht funktionieren –

Egoismus versus Altruismus? –
es sollte ausgewogen sein!

Seele

Im Himmel meiner Seele fliegt ein Engel,
wer bist du, unbekannter Freund,
wohlige Wärme durchfließt meine Adern,
ich weiß, dass du irgendwo da bist,
leider kann ich dich nirgendwo sehen –
alta mente repostum – in tiefster Seele verborgen,
so kann ich dich nur spüren, bin unsicher,
wieso erst jetzt, warst du schon früher da,
bist du zusammen mit ihr zu mir gekommen –
egal, fühl mich wie neu geboren,
flieg weiter und fühl dich wohl mein Freund –
dort im Himmel meiner glücklichen Seele.

Perfektion

Durch ein ewiges Streben
nach höheren Werten,
selbstorientiert oder fremdorientiert,
sich nach einem eigenen Perfektionismus sehnen,
ist ein trügerisches Unterfangen
und stellt sich im Ergebnis meist als negativ heraus,
denn niemand ist für sich perfekt,
man erkennt es leider schon sehr schnell
an der jeweiligen Tagesform, egal –
ob konservativ, ruhig und dabei vorsichtig,
ob unbekümmert, neugierig und dabei emotional
oder effektiv, organisiert und dabei doch gesellig –
wir sind wie wir sind,
warum sollten wir uns verdrehen,
Mensch sein und Mensch bleiben –
das ist dabei wichtig!

Ereignisse

kleine Schätze
im Verborgenen
großer Wert aus alter Zeit

Grenzverlauf

Ödes Land
Kilometer lang
kein Grashalm wächst
ehemalige Nachbarn
ganz weit weg
Stacheldraht
Messer scharf
kein Blickkontakt
herrenloses Niemandsland
ein Wachturm erhebt sich
aus der Nebelwand
Hundegebell
aus der Ferne
Sirenentöne ganz nah
Schüsse fallen
laute Rufe
durchdringen die Nacht
atemlose Stille
dunkles Land

Eilmeldung

Eilmeldung! –
es ist wieder was passiert.
Schrecklich! Schrecklich!
Alle sind geschockt,
geben sich bestürzt,
alle wissen jeder weiß, wie es besser geht,
wie man reagieren muss,
wie man es in Zukunft verhindern muss.

So etwas darf sich nicht wiederholen!

Und beim nächsten Mal?
Schrecklich! Schrecklich!
Alle sind geschockt,
der Gegner weiß, wie es besser geht.

Mausetod

Vorne muss ich raus,
denn hinten sitzt der Kater,
dachte sich die Maus,
doch auch dieser hats nicht leicht,
hinten im Hof, da wacht der Hund,
sodass er sich nach vorne schleicht.

So trägt die Schuld am Tod der Maus,
ohne dass er es je erfährt,
hinten im Hof der Hund
und lebt weiter in Saus und Braus.

Zeit

Völlig lautlos
begleitet sie uns,
schleicht, läuft, fliegt davon,
trotzdem ist sie immer da.
Man hört sie nicht,
sie tut nicht weh,
ungemein wichtig,
jeder besitzt sie,
sie ist unser kostbarstes Gut.
Wir bekommen viel von ihr,
vielleicht auch zu wenig,
sie setzt uns unter Druck,
gibt uns aber auch Freiheit
und oft wissen wir nicht
wo sie geblieben ist.
Haben wir sie richtig genutzt,
lässt sie sich zurückdrehen
oder gibt sie uns was oben drauf?
Sie gehört uns allen
und wir müssen lernen,
besser mit ihr umzugehen.
Wir haben
nur einen vorbestimmten Teil,
wir sollten
mehr auf ihn achten,
denn wie groß er ist,
das kann uns keiner sagen
und wir werden es wohl
auch nie erfahren.

Wir trödeln mit ihr
und hetzen mit ihr durch den Tag,
wir verschlafen sie,
aber sie weicht uns nicht von der Seite.
Wir können uns auf sie verlassen,
sie lässt uns scheinbar nie im Stich,
unbestechlich
ist sie unser lebenslanger Begleiter,
völlig lautlos ist sie immer da.

ungeduldige Sehnsucht
schöne Tage
in ferner Zukunft

Kaffeezeit

Da sitzen sie,
tief unten in ihrer Polstergarnitur,
die Füße in den Hauspantoffeln,
abgestellt auf beiger Auslegware.

Die indirekt beleuchtete Schrankwand
dreht sich um die Zimmerecke,
es ist sechzehn Uhr,
der Filterkaffee duftet,
der Kuchen selbst gebacken –

Alles wie an jedem Tag!

Und er schmeckt,
getoppt mit reichlich Sahne,
mit einem Auge durch die Gardine,
stets die Nachbarn unter Kontrolle,
echauffiert man sich
über so Manches,
auch wenn man selber
nicht dabei gewesen.

Viel Zeit bleibt jedoch nicht,
bald ist es neunzehn Uhr,
Abendbrot –

Alles wie an jedem Tag!

Risotto

Wenn der Wind im Piemont
die Ähren der Reisfelder
sanft in Wellen bewegt,
wachsen sie heran,
diese Reiskörner,
umhüllt von einer magischen Stärke,
ausgestattet mit ungewöhnlichen Eigenschaften.

Wenn dann später der Kochlöffel
mit gleichmäßigen Bewegungen
zwischen ihren rundlichen Körpern schwebt,
fängt in ihrer jeweiligen Mitte
auf des Kochtopfs Boden,
ähnlich einer Auster,
ihre Perle langsam an zu leuchten.

Arborio, Vialone und Carnaroli
heißen sie – bereit,
sich mit Hilfe von Kochflüssigkeit,
prächtig zu entfalten.

Das Ergebnis,
erzielt durch Absorption
in Symbiose mit der behutsamen Freigabe
der natürlich pflanzlichen Stärke,
ist eine grandiose,
sämig-cremige Verbindung
aller Körner –
nicht zu einem einfachen Reis – nein,

zu einem primo piatto
mit weich umhüllten Körnern al dente –
eben zu einem RISOTTO.

Dabeisein

Im besten Fummel
geht es auf den Rummel,
alles ist gerichtet,
das Styling stimmt
und all das Hängende geliftet,
daher stolziert,
stets folgend dem neusten Trend,
ob es passt oder man sich ruiniert,
egal – auffallen um jeden Preis,
völlig ungeniert,
keine Peinlichkeit wird ausgelassen,
die Freude beim Boulevard ist groß,
man kann den Klatsch
fast nicht in Worte fassen.

Fundstücke

Ab und zu,
mit genug Zeit und Muße,
schaut man in den endlosen Weiten
all seiner verborgenen Ecken und,
dann kommen sie hervor
die längst unbekannten Schätze,
mit großen Augen,
völlig überraschend, sie wieder
zu entdecken, erstaunlich,
was man da so alles hat,
schon lange ausgelöscht
aus der Erinnerung, Zeitdokumente
eines früheren Lebens,
unter viel Staub konservierte
Momente einer hinter uns liegenden,
jetzt seltsam anmutenden Welt!

ferner Horizont
immer gleich weit weg
unerfüllte ewige Wünsche

Feuerwerk

Tausend bunte Sterne
beleuchten mit lautem Knall
den nächtlichen Himmel,
in kurzem Intervall
vereinen sie sich dort oben
mit denen in weiter Ferne.

Mit staunenden,
faszinierenden Blicken
beobachten dort unten
am Boden die Menschen
das spektakuläre Ereignis.

Für sich alleine stehend,
in einzelnen Gruppen
oder zu zweit, Hand in Hand,
vielleicht schon ein halbes Leben
oder erst frisch verliebt.

Was sie sich so alles sagen,
das versteht man nicht,
zu laut ist der Sternen Knall,
beschwingt, locker bis glücklich
schauen sie alle aus –

im hellen Schein der bunten Sterne
zeigt sich eine friedliche Silhouette
von fröhlichen Menschen,
ohne einen hörbaren Applaus.

Schwarz-Weiß

Monochrome Betrachtungsweisen,
ganz bestimmte Momente,
faszinierende Eindrücke,
spezielle Sinneswahrnehmungen
als erinnerungswürdigen Augenblick
klassisch schwarz-weiß festgehalten.

Großartige Möglichkeiten,
solche Augenblicke entsprechend
künstlerisch zu dokumentieren,
durch eine scheinbare Einfachheit,
mit dem Spiel von Licht und Schatten
diesen einen Moment
absolut klar und präzise zu archivieren,
ihn für den Betrachter
mit einer grandiosen Bildwirkung und
einer intensiven Bildaussage auszustatten.

Eine im Ergebnis bestechende,
minimalistische Sichtweise mit all
seinen »farblichen« Feinheiten, ganz egal,
ob sich der Blick auf das große Ganze richtet
oder gezielt im Detail liegt,
beherrscht von einem klaren Schwarz
und einem klaren Weiß –
eine echte, einzigartige Fotografie
in Schwarz und Weiß!

Weihnacht

Kurz vor Schluss,
denn bald ist Jahresende,
oh, du stille Zeit,
fröhlich soll man sein,
hinein bis in die Nacht,
leise mit viel Schnee,
passieren all die schönen Dinge,
denn diesem Fest kommt niemand aus.

In friedlichen Stunden,
den unbekannten Feind
am Ladentisch bekriegt –
die letzte Gans kommt mit nach Haus,
in einem gnadenlosen Rennen,
vier Wochen lang,
alle hinter sich gelassen –
heißa! was für ein Advent.

Kommt von draußen alle her,
hereinspaziert aus dieser Kälte,
es ist schon eingeheizt
und eingeschenkt schon bis zum Rand –
was für eine Freude
in festlichem Gewand,
die Gläser werden heute niemals leer,
auf das der Baum jetzt brenne
und christlich soll er sein –
der Rausch,
lasst uns feiern,

was schert uns denn die Welt,
in besinnlicher Zeit,
bis die eigenen Glocken
schöner nicht klingen.
Heißa! da ist sie, die Weihnacht.

Des Dichters Allerlei

macht es einer
machen es alle
unbekümmerter Herdentrieb

Bauchredner

Die Idee ist gut
und durchaus amüsant,
Bauchredner zu werden.

Ungeniert könnte man dann
mitgehörte Gespräche
in höchster Form kommentieren.

Eine reizvolle Vorstellung
sich ungefragt mal einzumischen
und seinen Senf dazuzugeben.

Niemand wüsste woher die Stimme kommt,
mit unschuldigem Blick
stünde man nur daneben.

Minga

Ein bayerisches Manifest –
Alpenglühn,
Isarflimmern,
Savoir-vivre mit südlichem Flair,
Biergarten und Blasmusik –
Oktoberfest.

Schwimmunterricht

Vor dem ersten Schwimmversuch
muss man wissen:
Wasser kann nicht untergehen,
nur dem Schwimmer kann es so geschehen.

An Land hätte es schon öfter,
dem einen oder anderen
den Boden unter den Füßen weggezogen,
sagt man –

das Wasser aber bleibt.
Keine Panik!
Auch die Füße bleiben trocken,
bleibt man einfach nur am Ufer hocken.

Geisterhaus

Am Ende der Straße
soll es stehen,
das Haus der tausend Geister
aus schwarzen Ziegeln gemauert,
keine Fenster,
nur eine Tür,
sie führt hinein
aber niemals mehr hinaus.

Innen völlig dunkel,
unmöbliert und lautlos,
eine gnadenlose Stille,
nur ab und zu unterbrochen
durch ein leises Pfeifen,
einen kaum spürbaren Windhauch.

Dann huschen sie wieder umher,
die Bewohner
des schwarzen Hauses
am Ende der Straße,
umhüllt von einem ewig,
verschleierten Blick
mit verschwommenen Konturen
und einem kaum hörbaren Ton.

Gesehen hat man sie noch nie,
doch alle wissen,
dass sie da sind,
wie von unsichtbarer Hand

wird man ferngehalten,
von dem Haus der tausend Geister.

Kommunikation
zwischen Generationen
oft nur ein lästiges Übel

Glück

Zweiviertel einzeln betrachtet
sind ein Viertel weniger als die Hälfte –
Wissenschaft.
Hintenherum kann in der Regel
keine Gerade sein –
Erkenntnis.
Eine wissenschaftliche Erkenntnis
treibt so manchen in den Wahnsinn –
man sagt aber,
wenn man großes Glück empfindet,
das wäre der Wahnsinn!

Zwischenzeilen

Da ist er ja, der Text,
wobei es egal ist, ob es dieser oder ein anderer ist,
egal von was so ein Text handelt,
immer wird etwas ganz Besonderes vermutet
und man soll ihn unbedingt zwischen den Zeilen lesen,
die versteckten Mitteilungen ergründen,
eine andere Bedeutungsebene finden,
der Metapher auf der Spur,
die bildliche Wendung des Satzes neu behandeln,
alles mit einer neuen Dimension versehen,
rhetorisch, metaphorisch oder –
vielleicht hilft ja auch, ihn einfach nur zu lesen.

Farbwelten

Am Anfang dieser Welten,
steht für jeglichen Beginn,
für all das Positive,
die Reinheit und die Unschuld,
für Vollkommenheit und Glück,
das Weiß in des Menschen Blick –

doch zu einem jeden Charakter
gehört genauso auch das Negative,
dabei spielen eine Rolle,
Gefühlskälte und der weiße Tod.

Für alles Neue,
ein immer wiederkehrendes
Wachstum in der Natur,
für ein neues Menschenleben,
haben wir das Grün –

unsere Hoffnung und Zuversicht.

Ohne ihre Energie
kann weder die Natur,
noch könnten wir selber überleben –
die Sonne mit ihrem Gelb,
spendet uns ihr Licht
und ihre Wärme,
für das Leben von Mensch und Natur,
mit Heiterkeit und Lebensfreude –

doch das Gelb steht auch für Reichtum
und somit leider auch für Neid,
Missgunst und Eifersucht.

Da könnte man so manches Mal
von etwas mehr Gelassenheit,
Distanz und Ruhe profitieren –
dafür haben wir das Blau,
zwar im Wesen kalt,
doch gelangen wir mit ihm
zu wohltuender Entspannung
gekoppelt mit der Möglichkeit,
wenigstens so manche Dinge
aus mehr Entfernung zu betrachten –

nicht ohne Grund ist unser Himmel blau.

Bei Rot kann auf dieser Welt
von Entspannung keine Rede sein.
Es steht für die Hölle,
repräsentiert das Feuer,
das Blut, den Krieg
und der Menschen Wut,
warnt uns aber auch vor jeglicher Gefahr –

und wir alle lieben es
als Liebesfarbe,
für Erregung und Leidenschaft.

Für das Ende und den Tod,
in schwarzer Kutte

mit der Sense überbracht,
steht unwiderruflich das Schwarz
und löscht das Licht in unserem Leben –

das in unschuldigem Weiß,
einst in dieser Welt begann.

getanzte Kommunikation
prickelnde Berührungspunkte
vorsichtige Annäherung

Mai

Eins, zwei, drei,
wie schön ist doch der Mai,
Wonnemonat,
vier, fünf, sechs,
das ist ja wie verhext,
jedes Jahr wieder neu,
sieben, acht neun,
da können sich alle freun,
Frühlingserwachen,
zehn, elf, zwölf,
alles sprießt und gedeiht,
lieber Gott helf,
dass auch die eigenen Triebe
wieder neu erblühn –
eins, zwei, drei.

Papagei

Hör auf deinen Papagei
und verlass die Nachbarin,
der Milchmann
wollt schon auch mal hin,
der Vogel, der ist schlau,
öffne du dem Postboten die Tür
und überlass das nicht deiner Frau.

Rätsel

Er ist weiß Gott
kein harmloser Zeitgenosse,
berauscht uns
wie beim Alkohol,
versetzt uns
in so manche Stimmungslage,
bis hin zur Euphorie,
Ort- und Zeitgefühl
verhalten sich sehr vage
und durch alle Sinne
rauscht im Höllentempo
des Körpers Achterbahn.
Befreiung gibt es erst
nach vielen Stunden,
langsam kommen wir zurück
und schöpfen neuen Mut –
Obacht vor dem leuchtend roten Hut!

Rauchen

Auf frisch gemähter Wiese
liege ich da,
kau an einem Sauerampfer,
Senta, die Kuh,
schaut zu mir herunter –
was machst du da?

Neben mir
eine leere Packung Ernte 23 –
Senta, der Fladen dort,
der ist von mir.

Mit Zehn mal ausprobieren,
wie das ist, mit dem Rauchen –
Scheiße! – genauso beschissen,
wie mit dem Saufen.

Dichterglück

Der Dichter ist frei,
seine Zeilen
müssen sich nicht reimen,
dennoch ist es ein Gedicht,
die Gedanken
können besser keimen,
die Metrik kümmert ihn nicht.

Manchem Leser
stößt dies seltsam auf,
er kennt es noch von früher,
als er im Unterricht
mit diesen Reimen,
gefühlte Qualen erlitt –

doch so ist nun mal der Lauf,
Lyrik wächst heran zum Hit.

in Tränen
stecken oft Lügen
bitterer Täuschungsversuch

Wirtshausjahreszeiten

Frühling –
erste Blüten, erste Blätter,
mit frischem Schwung
zu neuen Taten.
Alles umkrempeln, alles neu –
ich pfeif auf neue Sachen
und geh ins Wirtshaus,
denn Bewehrtes soll man lassen.

Sommer –
es ist so warm, es ist so heiß,
ich lass die Butter
auf die Semmel laufen,
Wurst und Käse sehen komisch aus.
Die Füße aus der Wasserschüssel –
ich pfeif auf die Semmel,
im Wirtshaus ist das Bier gekühlt
und der Ventilator läuft.

Herbst –
es stürmt, der Regen peitscht,
Feierabend lässt den Heimweg
schwierig werden,
nass bis auf die Knochen,
ohne Schirm, der ist zu Haus –
ich pfeif auf mein zu Haus,
zum Wirtshaus ist es kürzer,
das ist jetzt mein zu Haus.

Winter –
alles kalt, alles frierend,
schnell wieder in die eigene Wärme kommen.
Schnell! Schnell!
Ich hab sie doch bezahlt, die Wärme,
aber alles kalt, alles frierend,
Ofen kalt, doch zu wenig bezahlt? –
ich pfeif auf eigene Wärme,
denn im Wirtshaus ist geheizt.

Triest

Triest
meine Stadt
lebensfroh
am Meer
prachtvolle Paläste
Kaffeehäuser
Italo Svevo
Umberto Saba
James Joyce
Literatur und mehr
Lebensqualität
Altstadt
Kulturmetropole
Miramare
einfach großartig
Triest –
Lieblingsstadt!

Ein kleines Orchester

Vier Musiker,
der Bläser, die Lautenspielerin,
der Beckenspieler und der Mann
mit der Ziehharmonika,
spielten einst eher lustlos,
unmotiviert vor sich hin.

Sie saßen als Fassadenschmuck,
in Stein gemeißelt
oder in Bronze gegossen,
wer weiß das schon,
jeder für sich
über einem Hauseingang
und begrüßten unermüdlich,
tagaus, tagein die Bewohner
in dem jeweiligen Haus.

Schön waren sie anzusehen,
kam man bei ihnen
auf dem Gehweg vorbei,
sie beflügelten die Fantasie
eines jeden Passanten und,
spendeten für den Augenblick
auch ein wenig Glück.

Als sie das merkten,
kam bei allen Vier
sehr schnell die Freude
am gemeinsamen Spiel zurück –

zwar immer noch
sehr still und leise, aber jetzt
mit klingenden, beschwingten Tönen.

Mit ihren eigenen Noten
spielten sie fröhlich auf,
in ihrem kleinen Orchester,
begrüßten ein jeden,
der zu ihnen kam, um
für ein paar Minuten zu entspannen,
bei einem Konzert frei Haus.

nur in der Nähe
muss dich nicht sehen
weiß du bist da

Automobil

Sich selbstbewegend,
personenbefördernd,
in eine andere Gegend,
dem Pferd zur Rast verholfen,
doch die Pferdestärke beibehalten,
individuelle Fortbewegung auf vier Rädern,
die Route frei gestalten,
von A nach B in Windeseile,
morgens hier und abends dort,
das ist wahrer Motorsport.

Ende

Am Ende eines Lebens steht der Tod,
andere beurteilen dann,
ob es für die Nachwelt gelungen war,
am Ende einer Arbeit
zieht man sein eigenes Resümee,
alles beantwortet,
wie viele Fragen bleiben offen,
hat man sich verzettelt,
oder überwiegt die Zufriedenheit –
sollen es doch auch die anderen beurteilen,
eigentlich arbeitet man nur für sich selbst
und ich, ich bin mit dem zufrieden,
so wie es geworden ist!

Schlussgedanken

gute Musik
Klang für die Ohren
Bewegung für den Körper

Bestücken wir unser persönliches Portfolio mit Werten, die uns wirklich etwas bedeuten.

In schlechten Zeiten kommt es darauf an was man tut, in guten kann man viel versprechen.

Die ewige Suche nach uns selbst, klappt am besten in der Gegenwart.

Für ein dauerhaftes Miteinander lebt eine gute Beziehung auch vom Nichtgesagten, ohne die Erwartung von Gegenleistungen.

Die Werke eines Dichters stehen auf unsicherem Grund, da sich unsere Sprache permanent weiter entwickelt.

Heutige Obst- und Gemüsestände verraten uns leider nicht mehr, in welcher Jahreszeit wir uns befinden.

Wir agieren weit hinter unseren Möglichkeiten und sollten dabei nicht nur von unseren Hoffnungen leben.

Die Angst vor der Einsamkeit macht so manchen zu einem durchaus geselligen Menschen.

Wenn wir miteinander lachen können, dann sollten wir auch miteinander reden können.

Die Zeit beschreibt die Reihenfolge unserer täglichen Aktivitäten und führt uns durch unsere Gegenwart.

Für eine gesicherte Zukunft nachfolgender Generationen ist es an der Zeit, das Drehbuch für den eigenen Film neu zu schreiben.

Wir sollten nur den Hut tragen, der uns auch wirklich passt und von dem wir selber wissen, dass er uns auch steht.

Unser eigenes Leben ist zu oft fremdbestimmt, indem wir uns in ihm selber nach der Diktatur der anderen bewegen.

des Spiegels
versilberte Wand
kann nicht nach innen blicken